Alsheimer

Studientechnik für Betriebswirte

MES 10

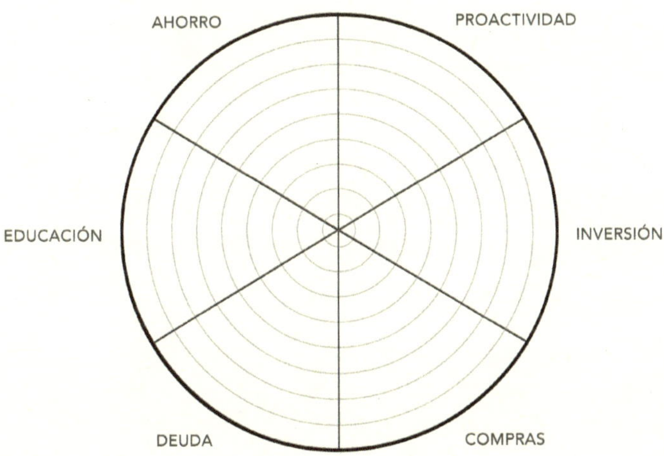

MES 11

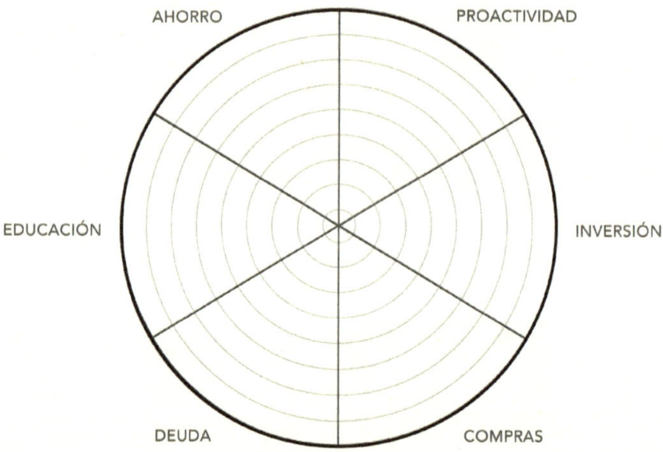

MES 12

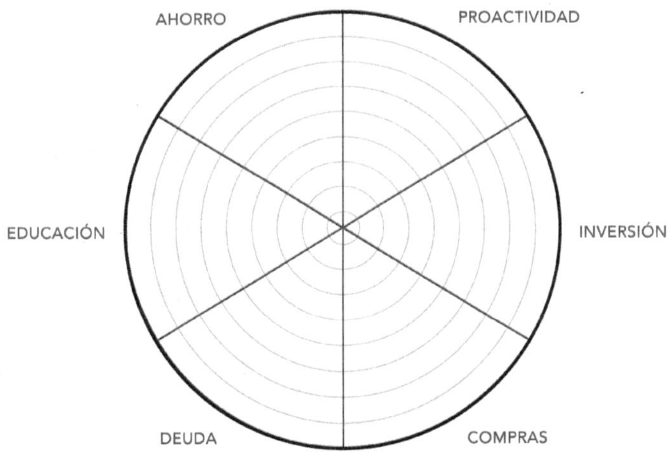

¡Un regalo solo para ti!

¿Te gustaría leer **mi próximo libro completamente GRATIS**? ¡Escanea el código que aparece debajo y **apúntate a mi club de lectores**!

Te esperan grandes sorpresas: sé el primero en leer mis nuevos lanzamientos, escucha mis audiolibros de forma gratuita, consigue copias firmadas y dedicadas... ¡y mucho más!

¡Me apunto!

SUBSCRIBE

Tu opinión es muy importante

Como autor independiente que soy, tu opinión es muy importante para mí y para futuros lectores como tú. Te estaría enormemente agradecido si me dejases **un comentario** en tu plataforma favorita diciéndome qué te ha parecido mi libro **para así poder seguir mejorándolo**:

- ¿Qué es lo que más te ha gustado?
- ¿Hay algo que hayas echado en falta?
- ¿A quién se lo recomendarías?
- ...

Otros libros de Daniel J. Martin

www.ingramcontent.com/pod-product-compliance
Lightning Source LLC
LaVergne TN
LVHW102105041026
849558LV00002B/61
* 9 7 8 9 9 1 6 7 8 1 8 3 8 *

Dr. Herbert Alsheimer
Direktor der Staatlichen Höheren Wirtschaftsfachschule
in Frankfurt am Main

Studientechnik
für Betriebswirte

Betriebswirtschaftlicher Verlag Dr. Th. Gabler · Wiesbaden

ISBN 3 409 39241 6

Vorwort

Ein wichtiges Ziel aller Bildungsbemühungen muß es sein, die Lernenden mit den Techniken und den Hilfsmitteln wissenschaftlichen Arbeitens vertraut zu machen.

Eine ganze Reihe von Gründen spricht für diese These. Die angesichts des schnellen wissenschaftlichen Fortschritts kürzer werdende Verfallzeit materialen Wissens zwingt viele unserer Zeitgenossen zu ständigem Lernen. Die Überfüllung unserer Hochschulen drängt zu rationellem Studium. In vielen Bereichen unserer Bildung wird das Fernstudium zunehmende Bedeutung erlangen; also ein Studienweg, auf dem die Lernenden der Anregung und Hilfe durch Dozenten und Studienkollegen weithin entbehren müssen.

Erfahrungen, die ich an der Staatlichen Höheren Wirtschaftsfachschule in Frankfurt am Main, an der Bank-Akademie und an der Betriebswirtschafts-Akademie gewonnen habe, veranlaßten mich, eine Aufsatzreihe zur Studientechnik in der Zeitschrift „Der graduierte Betriebswirt" zu veröffentlichen. Nunmehr lege ich diese Aufsätze — mit der Bitte um Anregung und Kritik — in erweiterter Fassung einer breiteren Öffentlichkeit vor.

Frankfurt am Main, im Frühjahr 1970

Dr. Herbert Alsheimer

Inhalt

Erster Teil

Über die Gliederung schriftlicher Arbeiten

Genauigkeit, Sauberkeit: das sind die vornehmsten Eigenschaften der Prosa. — Sie verlangt Gedanken und nochmals Gedanken — glänzende Ausdrücke dienen zu nichts.

Alexander Puschkin
Aufsätze und Tagebuchblätter:
Über den Stil — 1822

Die klare, sachgerechte und folgerichtige Aufeinanderfolge der Gedanken ist eine entscheidende Voraussetzung dafür, daß der Inhalt eines Schriftwerkes verstanden werden kann.

Oft stehen Studenten völlig verständnislos vor einer unbefriedigenden Zensur, die für eine Klausur oder eine Hausarbeit erteilt wurde. Sie glauben, eine bessere Note zu verdienen, da sie doch „alles Wichtige geschrieben haben". In vielen Fällen sind unbefriedigende Zensuren darin begründet, daß vollständig und grundsätzlich richtige Aussagen einer sinnvollen Ordnung entbehren, daß also das Schriftwerk ohne Gliederung der Gedanken — mehr oder weniger planlos — angefertigt wurde.

Es ist nicht übertrieben, wenn man sagt, daß die Konzipierung einer themengerechten und folgerichtigen Gliederung die wichtigste Teilaufgabe bei der Anfertigung schriftlicher Arbeiten ist.

Grundlegende Voraussetzung für eine themengerechte Gliederung ist, daß der Student die Überschrift Wort für Wort analysiert, um den Sinngehalt des Themas zu erkennen. Ein Paradoxon: Die gründliche Beschäftigung mit dem Thema ist besonders dann notwendig, wenn man auf den ersten Blick meint, gerade dieses Thema vorbereitet zu haben und deshalb sein Wissen sofort zu Papier bringen möchte. Zwingt man sich in diesem Fall nicht zu einer sorgfältigen Themenanalyse, so besteht die große Gefahr, daß man niederschreibt, was man auswendig gelernt hat, ohne darauf zu achten, ob sich das eingepaukte Schubladenwissen mit dem deckt, was tatsächlich im Thema verlangt wird. Das Resultat kann dann nur zu leicht „Thema verfehlt" heißen.

Die Gliederung muß nicht nur themengerecht, sondern auch folgerichtig sein. Das bedeutet vor allem, daß die einzelnen Gliederungspunkte in ein logisch einwandfreies System der Über-, Unter- und Nebenordnung gebracht werden müssen. (Auf einen Unterabschnitt „a" muß — beispielsweise — mindestens ein weiterer gleichgeordneter Unterabschnitt — also „b" — folgen, anderenfalls ist der erste Unterabschnitt gar nicht erforderlich.)

Es ist klar, daß die Konzipierung einer themengerechten und folgerichtigen Gliederung Zeit erfordert. Falsch wäre jedoch der Versuch, dem vornehmlich bei Klausuren oft vorhandenen Zeitdruck dadurch zu entrinnen, daß man nur oberflächlich oder gar nachlässig gliedert. Gerade wenn die Zeit drängt, sollte man nach meinem Dafürhalten eher Lücken in den Ausführungen hinnehmen, als auf eine sorgfältige Gliederung verzichten. Wer eine saubere Gliederung vorlegt, aus Zeitgründen aber mit der Arbeit nicht ganz fertig wird, kann immer noch hoffen, daß der Dozent den aus der Gliederung erkenntlichen Gedankengang bei der Benotung berücksichtigt, auch wenn dieser Text nicht mehr im einzelnen erläutert werden konnte.

Im folgenden wollen wir uns mit den Problemen der Gliederung schriftlicher Arbeiten auf dem Gebiet der Wirtschaftswissenschaften beschäftigen.

Einleitung — Hauptteil — Schlußteil

Die Aufsatzlehre schlägt für die Gliederung von Aufsätzen die Reihenfolge

- Einleitung
- Hauptteil
- Schlußteil

als Grobschema der Einteilung vor.

So schulisch (und deshalb manchem Studenten verdächtig) diese Aufteilung auch klingen mag: Sie basiert auf einer richtigen Erfahrung.

Es ist nämlich notwendig, daß der Autor seinen Leser zunächst mit dem Thema vertraut macht (Einleitung) und daß er dann zum Thema spricht (Hauptteil). In der Regel ist auch erforderlich, daß der Autor am Ende das Ergebnis seiner Untersuchungen zusammenfaßt und/oder dazu Stellung nimmt (Schlußteil).

Ich schlage deshalb die Anwendung dieses Grobschemas für die Gliederung vor.

Die Einleitung

Patentrezepte für die Gestaltung der einzelnen Teile des oben angeführten Grobschemas gibt es nicht. Dies gilt auch für die Einleitung.

Durch die Einleitung soll der Leser in das im Hauptteil zu behandelnde Stoffgebiet eingeführt werden. Die Einleitung dient aber nicht nur der allgemeinen Vorbereitung. In ihr muß auch das Ziel der Arbeit exakt formuliert und unter Umständen gegen verwandte Untersuchungsobjekte richtig abgegrenzt werden. Wer die Problemstellung richtig erkannt und verständlich niedergelegt hat, befindet sich in einer ähnlich günstigen Ausgangsposition wie ein Mathematikstudent, der den Lösungsansatz seiner Mathematikaufgabe gefunden hat.

Aus der einführenden und abgrenzenden Funktion der Einleitung folgt, daß man Begriffe, die im Verlauf der gesamten Arbeit verwendet werden[1]), zweckmäßigerweise bereits hier vorab definiert. Ebenso gehören Hinweise zur Untersuchungsmethodik in die Einleitung.

Bei einer Arbeit, die auf einer empirischen Untersuchung beruht, ist es regelmäßig geboten, in der Einleitung Art, Umfang und Zeit dieser Untersuchung genau zu beschreiben. Bei einer Arbeit

---

[1]) Begriffe, die nur einmal oder nur in einem Teil der Arbeit vorkommen, sollten an Ort und Stelle definiert werden.

schließlich, die Teil eines größeren Forschungsobjektes ist, wird man einleitend darauf hinweisen müssen, welchen Stellenwert die anschließend folgende Teiluntersuchung im Rahmen des gesamten Forschungsprojektes einnimmt.

Besonders bei längeren Hausarbeiten kann in der Einleitung auch der Gang der Untersuchung erläutert werden. Man sollte dies jedoch nur tun, wenn man die Zweckmäßigkeit der gewählten Gliederung begründen will. Eine bloß aufzählende Wiedergabe der einzelnen Gliederungspunkte ist überflüssig.

Wer mit Studenten über die Frage der Gliederung schriftlicher Arbeiten diskutiert, wird oft mit der Klage konfrontiert, daß ihnen bei Klausuren keine Zeit für die Aufstellung einer vollständigen Gliederung bleibe, weil regelmäßig „die Suche nach der Einteilung zu lange Zeit in Anspruch nehme." Einer solchen Aussage liegen nach meinem Dafürhalten zwei Fehler zugrunde. Der eine Fehler betrifft die Funktion der Einleitung. Sie darf — wie wir gesehen haben — nicht isoliert vom Hauptteil betrachtet werden. Wer über die Einleitung nachdenkt, kann dies nicht ohne Bezug zum Hauptteil tun. Zweitens ist zu der oben angeführten Aussage zu bemerken, daß das Grobschema „Einleitung — Hauptteil — Schluß" nichts über die zeitliche Folge der Gliederungsarbeiten aussagt. Es ist unbestritten: Die zentrale Gliederungsaufgabe betrifft den Hauptteil. Über seinen Inhalt und dessen Gliederung muß man sich zunächst klar werden. Die Festlegung des Inhalts der Einleitung im einzelnen kann, ja sie muß oft am Ende der Gliederungsarbeiten stehen.

Der Hauptteil

Der Hauptteil ist der wichtigste und deshalb auch umfangreichste Teil einer schriftlichen Arbeit.

Oben haben wir die Planlosigkeit der Gedankenfolge, also das Fehlen einer Gliederung, als eine mögliche Ursache schlechter Zensuren bezeichnet. Klausuren und Hausarbeiten müssen oft auch deshalb verworfen werden, weil der Autor „das Thema verfehlte." Er hat vielleicht anderes sachlich richtig und gut gegliedert geschrieben.

Das ist jedoch unerheblich und nutzlos, wenn die auf Grund des Themas erforderlichen Aussagen fehlen.

Die Studenten sollten deshalb beachten,

daß im Hauptteil das Thema der Arbeit und nichts anderes behandelt werden muß.

Auch für die Gliederung des zentralen Teils einer wissenschaftlichen Arbeit gibt es keine allgemeingültigen Patentrezepte. Wir müssen uns deshalb auch hier auf die exemplarische Darstellung einiger Gliederungsmethoden beschränken, die im Bereich der Wirtschaftswissenschaften häufig angewandt werden.

Die Gliederung des Hauptteils kann durch die separate Darstellung nebengeordneter Sachverhalte erfolgen, die sich unter das Thema der Arbeit als Oberbegriff subsumieren lassen. So kann eine schriftliche Arbeit über die Bilanztheorien nacheinander die statische, die dynamische, die organische und die pagatorische Bilanztheorie behandeln und in einem weiteren Punkt des Hauptteils neuere bilanztheoretische Lösungsversuche erörtern.

Der Hauptteil kann auch nach funktionalen Gesichtspunkten geordnet werden. Eine Arbeit über die betriebswirtschaftliche Bedeutung der Abschreibungen sollte z. B. auf die Bedeutung der Abschreibungen als Aufwandsposition, als Instrument der Bewertung in der Jahresbilanz, als Kostenfaktor und als Teil der internen Unternehmensfinanzierung eingehen.

Die sog. dialektische[1]) Gliederung ist vor allem bei den Themen zu empfehlen, die eine wertende Stellungnahme des Autors verlangen. Die dialektische Methode versucht, durch Spruch und Widerspruch, also durch die Disputation zu einem Ergebnis zu kommen. „Soll die Bundesregierung eine Aufwertung der Deutschen Mark beschließen?" Eine Klausur, welche diese Frage zum Thema

---

[1]) Dialektik (vom griechischen dialégesthai) bedeutet, wörtlich übersetzt, die Kunst der Unterredung. Im erweiterten Sinn versteht man darunter eine Methode, die durch Spruch und Widerspruch versucht, ein richtiges Ergebnis zu finden.

hat, sollte durch die sukzessive Darstellung der Argumente, die für und gegen eine solche währungspolitische Maßnahme sprechen, gekennzeichnet sein. Eine zusammenhanglose Darstellung dieser Argumente reicht allerdings nicht aus. Aufgabe des Verfassers ist es vielmehr, sie miteinander zu konfrontieren und ihr Gewicht zu prüfen, um auf diese Weise zu einer abschließenden Stellungnahme zu kommen.

Bei Themen, welche die Beschreibung oder die Gestaltung betrieblicher Arbeitsabläufe zum Gegenstand haben, bietet sich die Gliederung des Hauptteils nach Maßgabe dieser Arbeitsabläufe an. Eine Arbeit über „die Aufstellung betrieblicher Finanzpläne" — um ein Beispiel zu nennen — wird sich zunächst der Erfassung der Ausgaben und der Einnahmen, danach der Gestaltung der Planungsformulare und der Übertragung der Zahlungsgrößen in diese Formulare widmen müssen.

Die Überleitung einer Partialanalyse in eine Totalanalyse ist ein Spezificum wirtschaftswissenschaftlicher Arbeiten. Wirtschaftswissenschaftliche Zusammenhänge sind nämlich in der Regel derart komplex, daß eine sofortige gleichzeitige Betrachtung aller wirksamen Faktoren nicht sinnvoll ist. Man beginnt deshalb wirtschaftswissenschaftliche Arbeiten oft mit einer Partialbetrachtung. In dieser partiellen Analyse wird das Verhalten einer wirtschaftswissenschaftlichen Einflußgröße in der Regel zunächst unter der Voraussetzung untersucht, daß die übrigen Einflußgrößen (Faktoren) unverändert bleiben (Ceteris-paribus-Klausel)[1].

Die Gliederung kann nun danach erfolgen, daß sukzessive die Wirksamkeit zusätzlicher Faktoren in die Betrachtung einbezogen wird. Die Ceteris-paribus-Klausel wird also nach und nach aufgelöst, die Partialanalyse in eine Totalanalyse übergeführt.

Eine Arbeit über die „volkswirtschaftlichen Bestimmungsgründe der Investitionen" könnte unter Beachtung dieser Grundsätze im Hauptteil wie folgt gegliedert werden:

---

[1]) ceteris paribus (lat.) = unter sonst gleichen Umständen.

1. Die Investitionen als Funktion einer Veränderung des Volkseinkommens. (Zinssatz und Gewinnerwartung als weitere Bestimmungsgründe der Investitionen werden in dieser Betrachtung als konstant unterstellt.)
2. Die Investitionen als Funktion einer Veränderung des Volkseinkommens und der Gewinnerwartungen. (Der Zinssatz wird weiterhin als konstant unterstellt.)[1])
3. Die Investitionen als Funktion einer Veränderung des Volkseinkommens, der Gewinnerwartungen und des Zinssatzes.

Ist in einem Thema das Verhältnis zweier sich gegenseitig beeinflussenden variablen Größen (A und B) zu erörtern, so erfordert es die Logik, daß man sowohl den Einfluß von A auf B als auch umgekehrt den Einfluß von B auf A untersucht. Sind in einer Arbeit also zum Beispiel „die Beziehungen zwischen Betriebsgröße und Selbstfinanzierung" zu behandeln, so muß man zweierlei untersuchen: den Einfluß der Betriebsgröße auf die Möglichkeiten (das Ausmaß) der Selbstfinanzierung und den Einfluß der Selbstfinanzierung auf die Betriebsgröße.

Besonders schwer fällt Studenten erfahrungsgemäß die Konzipierung einer Gliederung, wenn das Thema nach dem Verhältnis einer Reihe von Größen (X_1, X_2, X_3) zu einer anderen Reihe von Größen (y_1, y_2, y_3) fragt und einige dieser Größen sich adversativ (ausschließend) gegenüberstehen. In der Regel ist es bei solchen Themen falsch, die in die Betrachtung einzubeziehenden Größen zunächst unverbunden gegenüberzustellen und ihr Verhältnis zueinander erst am Ende des Hauptteils zu erörtern. Das folgende Beispiel möge dies demonstrieren. Bei dem Thema „Der Zusammenhang zwischen Fertigungsverfahren und Kalkulationsverfahren" geht es darum, den verschiedenen durch die Technik bestimmten — also vorgegebenen — Fertigungsverfahren diejenigen Kalkulationsverfahren zuzuordnen, die den Fertigungsverfahren adäquat sind.

[1]) **Selbstverständlich kann es geboten sein, auch den Einfluß der Gewinnerwartungen und/oder des Zinses zunächst isoliert zu betrachten und erst dann zu einer Totalanalyse überzugehen.**

(Etwa: Einzelfertigung und Zuschlagskalkulation; Massenfertigung und Divisionskalkulation; Sortenfertigung und Äuquivalenzziffernrechnung; Kuppelproduktion und Restwertrechnung.) Es ist hier also falsch, im Hauptteil zunächst die Fertigungsverfahren, dann die Kalkulationsverfahren[1]) und erst dann den Zusammenhang zwischen Fertigungs- und Kalkulationsverfahren zu behandeln. In einer Klausur läuft man bei einer solchen Gliederung Gefahr, zum letztgenannten Punkt (dem Thema!) überhaupt nicht vorzudringen. In einer Arbeit, die dem hier fraglichen Thema gewidmet ist, sollten vielmehr die Fertigungsverfahren (die vorgeordnete Größenreihe) zu Hauptabschnitten der Gliederung gemacht werden. In den Unterabschnitten ist dann für jedes Fertigungsverfahren zu erörtern, welches Kalkulationsverfahren diesem adäquat ist.

Der Schlußteil

Der Schlußteil kann der Zusammenfassung der Ergebnisse der Arbeit dienen. Es kann auch erforderlich und nützlich sein, zum Abschluß auf ungelöste Probleme und/oder die Notwendigkeit weiterführender Untersuchungen hinzuweisen. Schließlich können im Schlußteil auch abweichende Lösungen in anderen Wirtschaftsbereichen, anderen Volkswirtschaften usw. erwähnt und/oder andere Aspekte des abgehandelten Problemkreises angedeutet werden.

Die Skala der Möglichkeiten zur Gestaltung des Schlußteils ist also recht breit. Es ist jedoch selbstverständlich, daß auch dieser Teil, der häufig mit besonderer Aufmerksamkeit gelesen wird, in einem sinnvollen Sachzusammenhang mit den übrigen Teilen der Arbeit und besonders mit dem Hauptteil stehen muß. Bei weniger umfangreichen Arbeiten, die nicht unbedingt nach einer abschließenden Zusammenfassung verlangen, ist es möglich, auf einen Schlußteil zu verzichten. Jedenfalls ist ein Verzicht solchen abschließenden

---

[1]) Der Verfasser kann bei diesem Thema die Fertigungsverfahren und die Kalkulationsverfahren als bekannt voraussetzen.

Ausführungen vorzuziehen, die das Pathos an die Stelle sachlicher und themengerechter Aussagen setzen.

Die Gliederungssymbole

Bei der Aufstellung von Gliederungen müssen auch formale Gesichtspunkte beachtet werden; das gilt besonders für umfangreiche Arbeiten, bei denen die Gliederung (mit Seitenangaben) als Inhaltsverzeichnis dient.

Die Gliederung muß — etwa durch Unterstreichen der wichtigsten Zwischenüberschriften und durch Einrücken der Unterabschnitte — übersichtlich gestaltet werden.

Die Zuordnung von Symbolen zu den einzelnen Abschnitten der Gliederung kann nach der sogenannten herkömmlichen Methode und nach dem Dezimalgliederungssystem erfolgen.

Hinsichtlich der herkömmlichen Methode wird — in Anlehnung an die Übung der Duden-Redaktion — folgende Reihenfolge der Gliederungssymbole vorgeschlagen:

B. Die Bewertung in der Steuerbilanz

  I. Die Bewertung auf der Aktivseite

    1. Die Einteilung der Wirtschaftsgüter für die Zwecke der Bewertung

    2. Die Bewertungsregeln

      a) Die abnutzbaren Wirtschaftsgüter des Anlagevermögens

        (aa) Die Anschaffungs- oder Herstellungskosten

        (ab) Die Absetzungen für Abnutzung (AfA)

        (ac) Die Abschreibung auf den niedrigeren Teilwert

      b) Die anderen Wirtschaftsgüter

Bei der Gliederung nach dem Prinzip der Dezimalklassifikation müßten folgende Symbole verwandt werden:

2 Die Bewertung in der Steuerbilanz

  21 Die Bewertung auf der Aktivseite

211 Die Einteilung der Wirtschaftsgüter für die Zwecke der Bewertung

212 Die Bewertungsregeln

2121 Die abnutzbaren Wirtschaftsgüter des Anlagevermögens

21211 Die Anschaffungs- oder Herstellungskosten

21212 Die Absetzung für Abnutzung (AfA)

21213 Die Abschreibung auf den niedrigeren Teilwert

2122 Die anderen Wirtschaftsgüter

Dieses Beispiel macht nach meinem Dafürhalten deutlich, daß die Zuordnung von Symbolen der Dezimalklassifikation vor allem bei umfangreichen, tief gestaffelten Gliederungen angebracht ist. Es sind auch Kombinationen zwischen den beiden genannten Methoden möglich und üblich. Einige Autoren zum Beispiel verwenden die herkömmlichen Gliederungssymbole, ersetzen jedoch die Symbole (aa), (ab) durch (11), (22), usw. Jedenfalls sollte die Frage der Gliederungssymbole einzig und allein nach pragmatischen Gesichtspunkten entschieden werden. Diese Zeichen sollen dazu beitragen, eine möglichst große Übersichtlichkeit der Gliederung zu erreichen.

Zweiter Teil

Die Definition

Für die menschliche Einsicht gibt es nur einen Weg, Unbekanntes bekannt, Undeutliches deutlich zu machen: Das Unbekannte muß durch Bekanntes, das Undeutliche durch Deutlicheres — kurzum: das Verwickelte muß durch Einfacheres erklärt werden.

Egon Schneider

Logik für Juristen 1965

Das Wesen der Definition

Das Definieren, die Bestimmung eines Begriffsinhaltes, bereitet den Studenten — und nicht nur diesen — zuweilen erhebliche Schwierigkeiten. In der Folge soll versucht werden, diese Schwierigkeiten zu mindern.

Die scholastische Philosophie hat das Wesen der Definition einfach und präzise umschrieben: „Omnis definito fit per genus proximum et differentiam specificam." Das Wesen der Definition besteht nach diesem Satz darin, den nächsthöheren Gattungsbegriff aufzusuchen und diesem den Artunterschied, die spezifische Differenz, hinzuzufügen. Unter dem Artunterschied verstehen wir die Merkmale, die den zu definierenden Begriff von anderen Begriffen der gleichen Gattung unterscheiden.

Auf eine kurze Formel gebracht, läßt sich also sagen:

Definition = nächsthöhere Gattung + Artunterschied

Die Anwendung dieser Regel ist nicht immer einfach, vor allem hinsichtlich der manchmal komplizierten wirtschafts- und rechtswissenschaftlichen Begriffe. Das Bemühen um richtige Definitionen steigert jedoch nicht allein den unmittelbaren Arbeitserfolg; fast immer gewinnt der Studierende als Nebenprodukt seiner Mühen tiefere Einsichten in die Struktur des jeweiligen Wissensgebietes.

Definieren wir einmal den Begriff „E f f e k t e n". Nach einiger Überlegung stellen wir fest, daß der nächsthöhere Gattungsbegriff „Wertpapiere" heißt, und daß die Eigenschaft, welche die Effekten von anderen Wertpapieren unterscheidet, die „Vertretbarkeit" ist. Nach der Individualisierungsmöglichkeit unterscheidet man die Wertpapiere wie folgt:

Wertpapiere

Vertretbare Wertpapiere, z. B. Aktien, Kuxe, Investmentzertifikate, Schuldverschreibungen.	Nicht vertretbare Wertpapiere, z. B. Scheck, Konnossement, Lagerschein, Wechsel, Hypothekenbrief.

Die Definition des Begriffes Effekten ist nunmehr leicht gefunden: Effekten sind vertretbare Wertpapiere. In dieser Definition ist „Wertpapiere" der nächsthöhere Gattungbsegriff und das Adjektiv „vertretbar" der Artunterschied. (Es ist selbstverständlich, daß der Artunterschied auch in anderer Weise — etwa in der Form eines Relativsatzes — bezeichnet werden kann.) Eine Definition läßt sich schließlich auch — retrograd — dergestalt finden, „indem man an den Gegenständen, die den Namen des gesuchten Begriffs tragen, jenes Gemeinsame sucht, das allen so bezeichneten Gegenständen — und nur ihnen — zukommt"[1]).

Regeln für Definitionen

Der Deutsche Normenausschuß hat in seinen allgemeinen Grundsätzen über „Begriffe und Benennungen DIN (2330)" Regeln für

---

[1]) Brugger, Walter, „Philosophisches Wörterbuch", 12. Auflage, Freiburg - Basel - Wien 1965, S. 48.

Definitionen aufgestellt, die im folgenden wiedergegeben werden sollen[2]).

1. Die Definition muß in Worte gefaßt werden, deren Bedeutung als bekannt vorausgesetzt werden kann; denn man kann nicht Unbekanntes durch Unbekanntes erklären.

2. Eine Definition gibt den Inhalt eines Begriffes an. Sie muß klar von Angaben über den Umfang des Begriffes unterschieden werden; denn durch eine Aufzählung von Gegenständen, die unter den Begriff fallen („per enumerationem“) kann sie nur unzulänglich ersetzt werden. Durch eine solche Aufzählung kann jedoch der Inhalt des Begriffes gut veranschaulicht werden.

   Beispiel:

   Die Aufzählung „Steuern sind die Einkommensteuer, die Körperschaftsteuer usw.“ definiert den Begriff „Steuern“ nicht.

   Die Gesetzespraxis kann um der Praktikabilität der Rechtsnormen willen auf „Definitionen“ durch Aufzählung manchmal nicht verzichten; vgl. dazu den Einkommensbegriff des deutschen Einkommensteuerrechts (§ 2 Abs. 3 EStG).

3. Die richtige Wiedergabe des Begriffsinhaltes durch die Definition kann auch dadurch geprüft werden, daß man feststellt, ob der Umfang des Begriffes alle Gegenstände erfaßt, die darunter fallen sollten.

   Beispiel:

   Wir haben oben Effekten als vertretbare Wertpapiere definiert. Ob diese Definition richtig ist, kann auch durch die Frage geprüft werden, ob alle Wertpapiere des (Effekten-) Börsenhandels von ihr erfaßt werden. Solche Wertpapiere sind Aktien, Kuxe, Pfandbriefe, Kommunalobligationen, öffentliche Anleihen, Industrieobligationen, Wandelschuldverschreibungen, Zwischenscheine, Investmentzertifikate. Ist die Definition richtig?

4. Eine Definition soll nicht negativ sein.

   Beispiel:

   Der Satz „Kosten der privaten Lebenshaltung im Sinne des Einkommensteuerrechts sind weder Werbungskosten noch Sonderausgaben“ ist zwar richtig; eine positive Defintion ist jedoch

---

[2]) Die Beispiele stammen vom Verfasser.

vorzuziehen. Es kann jedoch — besonders in Gesetzes- und Vertragstexten — zum Zweck der sicheren Abgrenzung vorteilhaft sein, der (positiven) Definition negative Aussagen wie die vorgenannte anzufügen.

5. Eine Definition muß auch in ihrer Umkehrung richtig bleiben. So kann man durch die Umkehrung prüfen, ob die Definition gelungen ist.

   Beispiel:

   Die Aussage „Steuern sind Geldleistungen" ist richtig. Die Umkehrung erhellt, daß es sich nicht um eine vollständige Definition handelt. Gott sei Dank, nicht alle Geldleistungen sind Steuern.

   Der Leser möge an dieser Stelle prüfen, ob die oben gefundene Definition des Begriffes „Effekten" richtig ist.

6. Wichtige Merkmale technischer Gegenstände können vielfach durch Bilder verständlicher gemacht werden. Das Bild kann aber im allgemeinen nur ein Beispiel wiedergeben.

7. Soll die einer Benennung zugeordnete Definition nur begrenzt gelten, so muß das vermerkt werden.

   Beispiel:

   Wer in einer wissenschaftlichen Arbeit einen Begriff mit einem anderen als dem sonst üblichen Inhalt verwenden will, muß dies vermerken. („In dieser Arbeit verstehen wir unter ..."). Umgekehrt ist bei der Auswertung von Fachbüchern genau zu prüfen, mit welchem Inhalt der Autor bestimmte Begriffe verwendet.

   Definitionen, die in Gesetzen festgelegt sind, bezeichnen wir als Legaldefinitionen. So heißt es z. B. im § 90 BGB „Sachen im Sinne dieses Gesetzes sind nur körperliche Gegenstände". Von Legaldefintionen sollte in einschlägigen Facharbeiten nicht ohne Not abgewichen werden. Das gleiche gilt übrigens auch von Begriffen der Betriebswirtschaftslehre, deren Inhalt von der Mehrzahl der maßgebenden Autoren (herrschende Lehre!) einheitlich bestimmt wird. Daß die Verwendung übereinstimmender Definitionen für den innerbetrieblichen Informationsfluß von entscheidender Bedeutung ist, braucht nicht näher erläutert zu werden.

8. Ist es nicht möglich, eine (exakte) Definition zu geben, so kann man sich mit einer möglichst weitgehenden „Begriffserklärung" (angenäherte Definition) begnügen.

Dritter Teil

Zitate, Verweisungen, Ergänzungen des Haupttextes

Durch viele Zitate vermehrt man seinen Anspruch auf Gelehrsamkeit, vermindert den auf Originalität, und was ist Gelehrsamkeit gegen Originalität. Man soll also Zitate nur gebrauchen, wo man der Autorität wirklich bedarf.

Arthur Schopenhauer (1788—1860)
„Neue Paralipomena", vereinzelte Gedanken über vielerlei Gegenstände, ohne Jahr.

Zitate

Die Worte Zitieren und Zitat sind lateinischen Ursprungs. Sie gehen auf das Verb „citare" zurück, das wie folgt ins Deutsche übersetzt werden kann: herbeirufen, vorladen, sich auf die Zeugenaussage eines anderen berufen.

Unter Zitieren verstehen wir die (wörtliche oder sinngemäße) Wiedergabe fremde Ausführungen in eigenen Publikationen. Das Prinzip der Ehrlichkeit in der Wissenschaft verlangt, daß Ausführungen und Ergebnisse der wissenschaftlichen Arbeiten anderer Personen grundsätzlich als solche zu kennzeichnen sind, wenn sie in eigene Arbeiten übernommen werden, und daß der Ort ihrer Publikationen (Fundstelle) angegeben wird. Hinsichtlich der grundsätzlichen Notwendigkeit der Fundstellenangabe ist es unerheblich, ob die Übernahme fremder Ausführungen in Form der direkten oder indirekten Rede oder als bloße Erwähnung erfolgt.

Beispiel aus: Hintner, Otto, Wertpapierbörsen, Wiesbaden 1961, S. 48.

Der entscheidende Unterschied zwischen Papieren, die lediglich eine Beweisurkunde darstellen, und solchen mit Wertpapiercharakter ist also darin zu erblicken, daß bei letzteren zur Geltendmachung oder Ausübung des verbrieften Rechts die Urkunde tatsächlich vorgelegt werden muß, denn der Schuldner soll dagegen geschützt werden, „daß das mit Rechtsscheinwirkung ausgestattete Papier nach Erfüllung in die Hände des gutgläubigen Dritten kommt".[1])

[1]) Hueck, Alfred, Recht der Wertpapiere, Frankfurt a. M. 1957, S. 1.

Die wichtigsten Zwecke des Zitierens sind leicht aufgezählt:

1. Durch das Zitieren soll das Maß des eigenen Beitrags zu einer Facharbeit deutlich gemacht werden. Unzweifelhaft steht dieser Zweck bei Arbeiten, die während des Studiums angefertigt werden, im Vordergrund.
2. Durch das Zitieren (und besonders durch die dazugehörige Angabe der Fundstellen) soll der Leser zum weiterführenden Studium angeregt, die Quellen dazu sollen ihm erschlossen werden.

Es erscheint mir notwendig, darauf zu verweisen, daß die Tugend des Maßhaltens auch für das Zitieren gilt. Eine Facharbeit ist kein Zitatenlexikon; sie sollte nicht aus einer Aneinanderreihung fremder Meinungen bestehen.

Die wissenschaftliche Qualität einer Arbeit hängt keinesfalls von der Zahl der darin untergebrachten Zitate ab. Zitate, die lediglich der Erzielung eines wissenschaftlichen „image" dienen, sollten ebenso unterbleiben wie die, die lediglich aus Bequemlichkeit erfolgen. Der Autor einer Facharbeit sollte nicht in das Zitat flüchten, um sich die (mühevolle) Suche nach einer eigenen Formulierung zu ersparen.

Definitionen, die von der überwiegenden Mehrzahl der Autoren in gleicher Weise gebraucht werden (herrschende Lehre), brauchen nicht zitiert zu werden.

Verweisungen

Unter Verweisen verstehen wir das Anbringen eines Hinweises auf eine andere Stelle in der gleichen Facharbeit oder auf Ausführungen anderer Autoren im wissenschaftlichen Schrifttum, ohne daß deren

Meinung wiedergegeben wird. Die letztgenannte Variante der Verweisung wird auch als Schrifttumshinweis bezeichnet. Auch die Verweisung erfolgt in der Regel in der Form einer Fußnote.

> Beispiel aus: Kraus, Willy, Volkswirtschaftliche Gesamtrechnung, Wiesbaden, 1961, S. 28
>
> So bilden Entstehung, Verteilung und Verwendung des Volkseinkommens und des Sozialprodukts die entscheidend wichtige Grundlage, das Kernstück der volkswirtschaftlichen Gesamtrechnung. Die Darstellung dieser Beziehungen zwischen Produktion, Einkommen und Verbrauch soll zunächst unter vereinfachenden Bedingungen, z. B. durch Ausschaltung internationaler Transaktionen und staatlicher Aktivität erfolgen. Die gewählten Annahmen sollen dann nach und nach dem realen Geschehen angepaßt werden[1]).
>
> ---
>
> [1]) Vgl. hierzu auch die ausführliche Darstellung bei Schneider, Erich, „Einführung in die Wirtschaftstheorie“, Erster Teil, 8. Aufl., Tübingen 1960, S. 42 ff.

Die Zwecke der Verweisung lassen sich wie folgt charakterisieren:

1. Verweise auf andere Stellen der gleichen Arbeit dienen dazu, diese Arbeit „durchsichtiger“ zu machen und Wiederholungen zu vermeiden.
2. Durch den Hinweis auf andere einschlägige wissenschaftliche Arbeiten soll der Leser zum weiterführenden Studium angeregt werden. Wichtige Quellen eines solchen Studiums sollen angegeben werden.
3. In begrenztem Umfang kann der Verweis auch der Entlastung des Haupttextes dienen. Das kann z. B. dadurch geschehen, daß man durch den Verweis auf eine in der Literatur vertretene abweichende Ansicht (andere Ansicht, oft abgekürzt a. A.) hinweist, ohne diese abweichende Auffassung selbst darzustellen. Der Verweis nähert sich damit der unten darzustellenden Textergänzung.

Ergänzungen des Haupttextes

Es wurde soeben angedeutet, daß die Grenze zwischen der Verweisung und der Textergänzung fließend ist. Genauso wie man einen

Schrifttumshinweis als Fußnote anbringen kann, genauso kann man auch einen wichtigen erläuternden oder weiterführenden Nebengedanken „unter den Strich“ setzen, um den Gedankenfluß im Haupttext nicht zu unterbrechen. Die Textergänzung ist oft mit einer Fundstellenangabe verbunden.

> Beispiel aus: Hagenmüller, Karl Friedrich, Der Bankbetrieb, Bd. I, Wiesbaden 1964 S. 20
>
> (Haupttext) In der Bundesrepublik Deutschland bestehen privatrechtliche und öffentlich-rechtliche Kreditinstitute insgesamt gesehen mit annähernd gleichem Gewicht nebeneinander[1]).
>
> ---
>
> [1]) Von den Kreditinstituten (ohne Bundesbank) haben die öffentlich-rechtlichen Institute, insbesondere wenn die öffentlich-rechtlichen Institute mit Sonderaufgaben mit einbezogen werden, bilanzsummenmäßig das Übergewicht. Die Bilanzsumme kann aber nicht, insbesondere wenn eine Zusammenfassung in Gruppen erfolgt, als alleiniges Kriterium für die tatsächliche Bedeutung der Institutsbereiche angesehen werden. Zum einen können Doppelzählungen das Bild verzerren, zum anderen kommen wichtige Geschäftszweige in der Bilanz bzw. Bilanzsumme nicht zum Ausdruck.

Was über die Tugend des Maßhaltens beim Zitieren gesagt wurde, gilt für die Textergänzung analog. Ergänzungen des Haupttextes sollen nur dort angebracht werden, wo eine Erläuterung des Haupttextes auf diese Weise dringend geboten ist oder wo wichtige weiterführende Gedanken dem interessierten Leser nicht verschwiegen werden sollen. In den während des Studiums angefertigten Facharbeiten sollte jedenfalls von der Methode der Textergänzung unter dem Strich nur sparsam Gebrauch gemacht werden.

Regeln für die Angabe von Fundstellen in Fußnoten

Zitate und Verweisungen erfordern die Angabe der Fundstellen. Ziel der Fundstellenangabe ist es, die Auffindbarkeit der angegebenen Literatur, vornehmlich in den Katalogen gutgeführter Büchereien, zu gewährleisten. Auf dieses Ziel muß die Fußnotentechnik ausgerichtet sein. Wir empfehlen die Beachtung der folgenden Regeln:

1. Akademische Grade, Dienstbezeichnungen der Verfasser usw. werden in der Fußnote nicht angegeben.

2. Bei Hinweisen auf Bücher — wegen einiger Sonderregeln für Kommentare vgl. Nr. 3 — sollte die Fußnote folgende Angaben erhalten:

   Name und Vorname des Verfassers, Titel des Buches, Auflage, Erscheinungsort, Band, Seite oder Spalte.

3. Bei Kommentaren wird an Stelle der Seitenzahl der Paragraph und die Bezeichnung der Anmerkung (Anm.) oder die Textziffer (Tz.) angegeben.

   Beispiel: Kühn, Rolf, Abgabenordnung, 8. Aufl., Stuttgart 1966, § 162 Anm. 6 a.

   Es liegt in der Natur der Sache, daß Kommentare häufig von mehreren Verfassern gemeinsam bearbeitet wurden. In diesem Fall ist neben dem Herausgeber des Gesamtwerkes auch der Bearbeiter des zitierten Kommentarabschnitts wiederzugeben.

   Beispiel: Palandt, Otto - Danckelmann, Bernhard, BGB, 26. Aufl., München und Berlin 1967, § 313 Anm. 15.

4. Bei Hinweisen auf Zeitschriftenaufsätze sollte die Fußnote folgende Angaben enthalten:

   Name und Vorname des Verfassers, Titel des Beitrags, in: Titel der Zeitschrift, Jahrgang, Heftnummer und Erscheinungsjahr, Seite.

   Beispiel: Groß, Hans Fritz, Ausbau und Entwicklung der Höheren Wirtschaftsfachschulen in der Bundesrepublik Deutschland, in: Der graduierte Betriebswirt, 1. Jahrg., Nr. 1, 1968, S. 5.

   Bei Zeitschriften, deren Seiten im Jahrgang fortlaufend numeriert sind, kann auf die Angabe der Heftnummer verzichtet werden. Der Titel der Zeitschrift kann abgekürzt werden, wenn die Abkürzung (Zitierweise) im wissenschaftlichen Schrifttum üblich und/oder in einem Abkürzungsverzeichnis erläutert ist.

   Beispiel: ZfB = Zeitschrift für Betriebswirtschaft.

   Ähnliches gilt für die Hinweise auf Sammlungen von Gerichtsentscheidungen.

B e i s p i e l : BGHZ = Entscheidungen des Bundesgerichtshofes in Zivilsachen.

5. Ist der Verfasser einer Schrift oder eines Zeitschriftenaufsatzes nicht angeführt, so ist vor den Titel die Abkürzung „o. V.“ (ohne Verfasserangabe) zu setzen. Das ist jedoch nicht erforderlich, wenn aus einer Schrift — etwa aus dem Geschäftsbericht einer AG — zitiert wird, bei der eine Verfasserangabe nicht üblich ist.

6. Ist das Erscheinungsjahr nicht angegeben, so wird an dessen Stelle der Vermerk „o. J.“ (ohne Jahresangabe) gesetzt.

7. Wird aus demselben Buch in der gleichen Facharbeit mehrfach zitiert oder wird mehrfach darauf verwiesen, so kann in der zweiten und den folgenden Fußnoten die Angabe des Buchtitels, der Auflage, des Erscheinungsortes und des Erscheinungsjahres entfallen. An die Stelle dieser Angaben tritt dann der Vermerk „a. a. O.“ (am angegebenen Ort).

   B e i s p i e l : Erste Fußnote: Heinen, Edmund, Handelsbilanzen, 4. Aufl., Wiesbaden 1968, S. 81.

   Zweite (und folgende Fußnote(n): Heinen, Edmund, a. a. O., S. 412.

8. Erstreckt sich ein Zitat oder eine Verweisung auf zwei aufeinanderfolgende Seiten, so ist der Zahl der ersten Seite der Buchstabe f. (folgende) anzufügen. (Also z. B. S. 422 f.)

   Erstreckt sich ein Zitat oder eine Verweisung auf mehr als zwei aufeinanderfolgende Seiten, so werden üblicherweise der Zahl der ersten Seite die Buchstaben ff. (fortfolgende oder folgende Seiten) angefügt. Besser erscheint es jedoch, in diesem Fall die erste und die letzte Seite zu nennen (also z. B. S. 141 ff. oder besser: S. 141—144).

Vierter Teil

Der Umgang mit Abkürzungen

Die Bürokratie, ganz gleich, welches der politisch-gesellschaftliche Hintergrund sei, zeigt eine wachsende Tendenz, ihre Ordnungsgebilde und -schemata durch Kunstworte zu bezeichnen, die sich aus den Anfangsbuchstaben der meist komplizierten eigentlichen Benennung ergeben.

Karl Korn
Sprache in der verwalteten Welt 1959

Es ist nicht zu übersehen: Unsere Fachliteratur — und nicht nur diese — strotzt vor Abkürzungen.

Die Motive, die einen Autor bewegen, statt ausgeschriebener Wörter Abkürzungen zu verwenden, sind vielfältig. Zu diesen Motiven gehört sicher das Bestreben, Arbeitszeit und Raum einzusparen. Wieviele zusätzliche Druckseiten müßte ein Kommentar zur Abgabenordnung umfassen, wenn man das Wort „Steuerpflichtiger" jedesmal ausschriebe und dafür nicht die Abkürzung „Stpfl." verwendete?

Mancher Dozent kann sich beim Studium von Klausuren und Hausarbeiten des Eindrucks nicht erwehren, als wolle der Autor durch den Gebrauch einschlägiger Abkürzungen ein nicht vorhandenes Maß an Sachwissen vortäuschen. Derartige Versuche sind untauglich. Auch der Umgang mit Abkürzungen will gelernt sein. Wer fachspezifische Abkürzungen richtig anwenden will, kommt nicht umhin, sich mit dem betreffenden Fach sehr eingehend zu befassen.

Stilistische Bemerkungen zum Gebrauch von Abkürzungen

Um es gleich vorweg zu sagen: Abkürzungen haben einen legitimen Platz in der Fachliteratur unserer Tage. Abkürzungen, wie BGB,

HGB, KWG, AG, GmbH — um nur einige zu nennen —, gehören unstreitig zum Sprachschatz eines Betriebswirts.

Auf der anderen Seite ist nicht zu verkennen, daß Schriftstücke durch die Verwendung zu vieler Abkürzungen unverständlich und unpräzise werden können; ganz zu schweigen von der Sprachschändung, die damit verbunden ist.

Es kommt also bei der Verwendung von Abkürzungen entscheidend auf das rechte Maß an. Dieses rechte Maß, für das es keine festen geschriebenen Regeln gibt, muß unter Beachtung der Eigenart des jeweiligen Schriftwerks gefunden werden. So gelten etwa für einen juristischen Kommentar, dessen Autor bei gegebenem Buchumfang bemüht sein muß, möglichst viele Informationen zu vermitteln, hinsichtlich der Zulässigkeit von Abkürzungen andere Maßstäbe, als sie an die Hausarbeit eines Studenten gelegt werden.

Studenten, die in einer Klausur- oder Hausarbeit Abkürzungen verwenden, sollten die abgekürzten Wörter beim ersten Gebrauch ausschreiben und die später benutzten Abkürzungen durch deren unmittelbare Anfügung in Form einer Klammerdefinition erläutern. Also zum Beispiel:

> **Das Gesetz über das Kreditwesen (KWG) vom 10. Juli 1961 enthält in seinem § 26 eine Definition des Begriffs Spareinlagen.**

Klammerdefinitionen können selbstverständlich bei solchen Abkürzungen entfallen, deren allgemeine Bekanntheit vorausgesetzt werden kann, etwa BGB, HGB, GmbH, eGmbH.

Bei größeren Arbeiten sind die o. a. Klammerdefinitionen durch Abkürzungsverzeichnisse zu ergänzen, die dem jeweiligen Schriftwerk tunlichst vorangestellt werden.

Jeder Autor sollte bemüht sein, mitzuhelfen, daß

möglichst viele Abkürzungen im deutschen Sprachraum einheitlich gebraucht werden.

Es gibt — Gott sei Dank — durch Festlegungen des Gesetzgebers und der Verwaltung oder durch überwiegend einheitlichen Gebrauch einen großen Bestand „genormter“ Abkürzungen. An diese „Normen“ sollte man sich halten. Der Student orientiert sich am besten an den Abkürzungsverzeichnissen guter Fachbücher[1]).

In schriftlichen Arbeiten sollte man die Anfügung von Deklinations-Endungen an Abkürzungen möglichst vermeiden.

Wendungen wie „die GmbHs“, die „HWFs“ sollten in unsere Schriftsprache keinen Eingang finden. Wenn der Plural gebraucht werden muß, dann sollte man die fraglichen Termini ausschreiben und in unserem Beispiel von „Gesellschaften mit beschränkter Haftung“ und „Höheren Wirtschaftsfachschulen“ auch dann sprechen, wenn zuvor im Singular die entsprechenden Abkürzungen verwandt worden sind.

Abkürzungen sollten nicht am Satzanfang stehen.

Wörter, die auf eine nachfolgende Zahl hinweisen — wie Seite, Band, Nummer, Folge, Anmerkung, Textziffer usw. — sollten vor einer Zahl dann nicht abgekürzt werden, wenn sie den Artikel (Geschlechtswort) bei sich haben.

Also sollte man schreiben: „die Seite 25“ statt „die S. 25“. Durch den Artikel werden nämlich die durch die genannten Wörter angezeigten Fundstellen in stärkerer Weise als üblich individualisiert.

Grammatikalisches zur Frage der Abkürzungen[2])

1. Der Punkt bei Abkürzungen

a) Der Punkt steht in der Regel nach Abkürzungen, wenn die abgekürzten Worte im vollen Wortlaut gesprochen werden.

---

[1]) Hinsichtlich der Abkürzungen der Rechts- und Verwaltungspraxis vgl. Kirchner, Hildebert, „Abkürzungsverzeichnis der Rechtssprache“, 2. Aufl., Berlin 1968.

[2]) Die folgenden Ausführungen orientieren sich an den Festlegungen, die im Band 9 des „Großen Duden“ enthalten sind. Vgl. Drosdowski, Günther — Grebe, Paul — Müller, Wolfgang u. a. „Duden — Hauptschwierigkeiten der deutschen Sprache“, Bd. 9 des Großen Duden, Mannheim 1965, S. 11—13.

Beispiele:

a. a. O. für „am angegebenen Ort“,
s. o. für „siehe oben“,
a. A. für „andere Auffassung“,
ü d. M. für „über dem Meeresspiegel“,
i. d. R. für „in der Regel“.

Ein Abkürzungspunkt am Ende eines Satzes ersetzt immer den Satzschlußpunkt.

b) Der Punkt steht nicht nach Abkürzungen, die als selbständige Wörter gesprochen werden.

Beispiele:

GmbH für „Gesellschaft mit beschränkter Haftung“,
HGB für „Handelsgesetzbuch“,
RKW für „Rationalisierungskuratorium der deutschen Wirtschaft“,
HWF für „Höhere Wirtschaftsfachschule“

c) Der Punkt steht nicht bei Abkürzungen für Maß- und Gewichtseinheiten, chemische Grundstoffe, Himmelsrichtungen und für die meisten Münzbezeichnungen, obwohl die abgekürzten Wörter meistens im vollen Wortlaut gesprochen werden.

Beispiele:

m für „Meter“
kg für „Kilogramm“
Fe für „Ferrum“ (Eisen),
NW für „Nordwesten“
DM für „Deutsche Mark“

d) Der Punkt steht nicht bei Abkürzungen für die Bezeichnung von Gesetzen, Verordnungen, Erlassen, Richtlinien, Behörden usw., obwohl die abgekürzten Wörter meistens im vollen Wortlaut gesprochen werden.

Beispiele:

EStG für „Einkommensteuergesetz“,
LStDV für „Lohnsteuerdurchführungsverordnung“
KStR für „Körperschaftsteuer-Richtlinien“
GKR für „Gemeinschaftskontenrahmen“,
BdF für „Bundesminister der Finanzen“,
ORR für „Oberregierungsrat“,
BVerfG für „Bundesverfassungsgericht“.

Ein Blick in die neuere Fachliteratur beweist, daß hinsichtlich des Gebrauchs des Abkürzungspunktes erhebliche Unsicherheit besteht. Im Bereich der Rechts- und Wirtschaftswissenschaften scheint sich folgende Übung einzuspielen: Nach fachspezifischen Abkürzungen, die auf große Buchstaben enden, steht ohne Rücksicht auf die Sprechweise kein Abkürzungspunkt[1]).

2. Abkürzungen als Appositionen[2])

Abkürzungen als Appositionen kommen in der Hauptsache als Bestandteile einer Firma im Sinne des § 17 HGB vor, z. B.:

> Continental Gummiwerke AG, Hannover,
> Betriebswirtschaftlicher Verlag Dr. Th. Gabler GmbH, Wiesbaden.

Zahl und Geschlecht der Firma richten sich hier in der Regel nicht nach der Abkürzung, sondern nach dem Grundwort der Firma. Briefe an den Verlag, in dem die Zeitschrift „Der graduierte Betriebswirt" erscheint, sind deshalb „An den Betriebswirtschaftlichen Verlag Dr. Th. Gabler GmbH" zu richten.

Eine Ausnahme von dieser Regel ist dann gegeben, wenn der Nachdruck der Firma auf der Bezeichnung der Rechtsform liegt. In diesem Fall sollte man jedoch auf die Verwendung von Abkürzungen verzichten.

> **Beispiele:**
>
> **die AG Hellerhof, Frankfurt a. M. (besser: die Aktiengesellschaft Hellerhof), die Rosenthal — Porzellan Aktiengesellschaft, Selb (Ofr.).**

---

1) Vgl. dazu auch Kirchner, Hildebert, „Abkürzungsverzeichnis der Rechtssprache", a. a. O., S. XI. Kirchner unterscheidet zwischen Abkürzungen und Sigeln, die er als besonders gestaltete Schriftsymbole definiert. Die vorgenannten Buchstabenbezeichnungen für Gesetze bezeichnet er als sigelmäßige Kürzungen, hinter die nur dann ein Punkt gesetzt werden sollte, wenn sie mit einem kleinen Buchstaben enden.

2) Unter Appositionen (von lat. apposition = das Beigefügte) verstehen wir substantivische Beifügungen, die in der Regel im gleichen Fall wie das Bezugswort stehen. Appositionen werden auch als Beisätze bezeichnet.

3. Sonderregeln für Abkürzungen, die zu einem sprechbaren Wort zusammengefügt werden, und für Kurzwörter

Sonderregeln gelten für Abkürzungen, die aus Silben oder Silbenteilen, zuweilen auch aus Einzelbuchstaben (darunter mindestens einem Vokal) bestehen, und die sich zu einem sprechbaren Wort zusammenfügen. Die gleichen Sonderregeln gelten für die sog. Kurzwörter.

Beispiele:

Schupo für „Schutzpolizist",
Kripo für „Kriminalpolizei",
Uni für „Universität".

Für diese Abkürzungen und Kurzwörter gelten die folgenden grammatikalischen Regeln:

a) Sie werden wie selbständige Wörter behandelt. Sie stehen daher ohne Abkürzungspunkt.

b) Sie richten sich in der Regel nach dem Geschlecht des Grundwortes, also z. B. der Schupo, die Kripo, die Uni.

c) Sie werden wie Substantive dekliniert. Die Beugungsendung „s" überwiegt.

Beispiel:

der Schupo, des Schupos, die Schupos.

Einige stilistische Anmerkungen seien an dieser Stelle gestattet. Die vorgenannten Abkürzungen und Kurzwörter sind Geschöpfe der Umgangssprache. Es wäre gut, wenn unsere Schriftsprache vor ihnen bewahrt bliebe.

Fünfter Teil

Grundriß der Bücherkunde

Die nützlichsten Bücher sind diejenigen, welche den Leser zu ihrer Ergänzung auffordern.

Francois Marie Arouet Voltaire
Philosophisches Wörterbuch 1764

Die Bundesrepublik Deutschland steht an vierter Stelle unter den Buchnationen der Welt.

Mehr als 30 000 Titel werden Jahr für Jahr in der Bundesrepublik einschließlich West-Berlins verlegt. Das entspricht etwa den Höchstzahlen der Buchproduktion im Deutschen Reich vor dem ersten Weltkrieg; ein Hinweis, der Überraschung auszulösen vermag, indem er die große Intensität des literarischen Lebens zu Beginn dieses Jahrhunderts deutlich macht[1]).

Wer Gelegenheit hatte, die jährliche Frankfurter Buchmesse zu besuchen, wird verstehen, daß eine Gruppierung des reichen Bücherangebots schwer ist. Dennoch wollen wir den Versuch dazu unternehmen, um die Vielfalt der Buchproduktion dadurch überschaubar zu machen.

Viele neuzeitliche audiovisuelle Unterrichtsmedien haben es nämlich nicht vermocht, das Buch aus seiner Rolle als wichtigstes Hilfsmittel des Studiums zu verdrängen. Es ist unbestritten: Der Student braucht ein enges Verhältnis zum Buch, wenn er erfolgreich studieren will.

Belletristik und Sachbuchbereich

Die Buchproduktion wird gemeinhin in zwei große Bereiche unterschieden, in den der Belletristik und in den Bereich der Sachbücher.

---

[1]) Hinsichtlich statistischer Angaben zur Buchproduktion vgl. „Buch und Buchhandel in Zahlen 1969“, hrsg. vom Börsenverein des deutschen Buchhandels, Frankfurt a. M. 1969.

Unter B e l l e t r i s t i k (von frz. les belles lettres) versteht man Unterhaltungsliteratur im weitesten Sinne, die in Prosa oder in Versen gefaßt sein kann. Der Begriff Belletristik deckt sich etwa mit dem, was im anglo-amerikanischen Kulturbereich unter „fiction" verstanden wird.

Innerhalb des S a c h b u c h b e r e i c h e s (non-fiction) wollen wir uns in diesem Kapitel mit den Fachbüchern, also den Büchern objektbezogenen Inhalts beschäftigen, die besonders Zwecken der Berufsausbildung und/oder der Berufsausübung gewidmet sind. Damit ist die sogenannte populärwissenschaftliche Literatur aus der Betrachtung ausgeschieden. Unter populärwissenschaftlicher Literatur verstehen wir Bücher, die für Laien eines Fachgebietes geschrieben wurden. Zur populärwissenschaftlichen Literatur gehört auf wirtschaftswissenschaftlichem Gebiet etwa die große Zahl der allgemeinverständlich geschriebenen „Ratgeber für Kapitalanlage und Vermögensbildung".

Fachbücher

Zu den Fachbüchern im oben definierten Sinne gehören u. a. Lehrbücher, Monographien, Kommentare, Gesetzestexte, Fachlexika und Formularbücher. Diese und andere Kategorien von Fachbüchern wollen wir im folgenden erläutern.

L e h r b ü c h e r sind Fachbücher, die ein bestimmtes Teilgebiet einer Wissenschaft lehrhaft darstellen. Es ist klar, daß die Lehrbücher nach ihrer Zweckwidmung für eine bestimmte Art und ein bestimmtes Niveau des Unterrichts unterschieden werden müssen. Danach unterscheiden wir Lehrbücher, die für Zwecke des Hochschulunterrichts und solche, die in der Hauptsache für das Selbststudium geschrieben und verlegt wurden[1]). Selbstverständlich sind

[1]) Die Zahl der Lehrbücher, die für die spezifischen Bedürfnisse des Studienbetriebs an Höheren Wirtschaftsfachschulen (Wirtschaftsakademien) geschrieben wurden, ist noch gering. Dies ist eine verständliche Konsequenz der Jugend der Bildungseinrichtung Höhere Wirtschaftsfachschule. Gut Ding will Weile haben, und ein gutes Lehrbuch braucht seine „Reifezeit". Mit dem vom Betriebswirtschaftlichen Verlag Dr. Th.

die Grenzen zwischen den o. a. Gattungen von Lehrbüchern nicht scharf zu ziehen.

Eine besondere Gattung der Lehrbücher bilden die sogenannten Kompendien (von lat. compendium = Abkürzung, Ersparnis). Von den üblichen Lehrbüchern unterscheiden sich die Kompendien dadurch, daß sie in gedrängter Form nur die wesentlichen Erkenntnisse eines Wissensgebietes behandeln. Kompendien dienen in der Hauptsache der unmittelbaren Vorbereitung auf Prüfungen. Diesen Zweck hervorhebend, werden sie oft auch als Repetitorien (von lat. repetere = wiederholen, sich ins Gedächtnis zurückrufen) bezeichnet.

Beispiel:

Löffelholz, Josef
„Repetitorium der Betriebswirtschaftslehre", 2. Aufl., Wiesbaden 1967.

Monographien (griech. Einzelschrift) sind Fachbücher, die ein wissenschaftliches Einzelproblem ausführlich beschreiben. Es sind diejenigen Fachbücher, die von den Studenten besonders für Seminar- und Prüfungsarbeiten zu Rate gezogen werden. Zur Verdeutlichung seien die folgenden Beispiele aufgeführt:

Antoine, Herbert,
„Kennzahlen, Richtzahlen, Planungszahlen", 2. Aufl., Wiesbaden 1958.

Norden, Helmut Willi Friedrich,
„Der Betriebsabrechnungsbogen", 10. Aufl., Stuttgart 1965.

Kommentare (von lat. commentarium = Notizbuch, Entwurf) sind Fachbücher, die der Erläuterung eines Textes in sprachlicher und/oder sachlicher Hinsicht dienen. Juristische Kommentare, auf diese Kategorie wollen wir uns beschränken, erläutern Gesetzestexte. Sie lehnen sich streng an den Aufbau der kommentierten Rechtsvorschriften an. Meist sind die Erläuterungen den einzel-

---

Gabler verlegten Studienwerk „Höhere Wirtschaftsfachschule" (HWF) — Fachhochschule für Betriebswirte — wird erstmals eine Reihe von Lehrbüchern geschaffen, die für die Zwecke der Höheren Wirtschaftsfachschulen (Wirtschaftsakademien) in besonderer Weise geeignet ist.

nen Paragraphen des Gesetzes nachgestellt. Es ist das Ziel der juristischen Kommentare, die Funktion und den Anwendungsbereich einer Rechtsvorschrift darzulegen. Sie stützen sich dabei auf die sogenannten Materialien des Gesetzgebers (Bundestags- und Landtagsdrucksachen)[1], die Erkenntnisse der wissenschaftlichen Forschung und auf die Rechtsprechung.

Beispiele:

Palandt, Otto,
„Bürgerliches Gesetzbuch",
26. Aufl., München und Berlin 1967, und
Baumbach, Adolf — Duden, Konrad,
„Handelsgesetzbuch",
17. Aufl., München und Berlin 1966.

Kommentare haben den Charakter von Nachschlagewerken für das private Studium und die Berufspraxis. Im Unterrichtsablauf überwiegt vielfach die Benutzung (unkommentierter) Gesetzestexte. Die Lektüre dieser Texte soll dazu beitragen, die Studierenden mit der Rechtssprache, der Systematik der fraglichen Gesetze und Methoden der Gesetzesauslegung vertraut zu machen.

Unter einem Lexikon (von griech. lexikos = das Wort betreffend) verstehen wir ein alphabetisch geordnetes Nachschlagewerk. Lexika lassen sich wie folgt unterteilen:

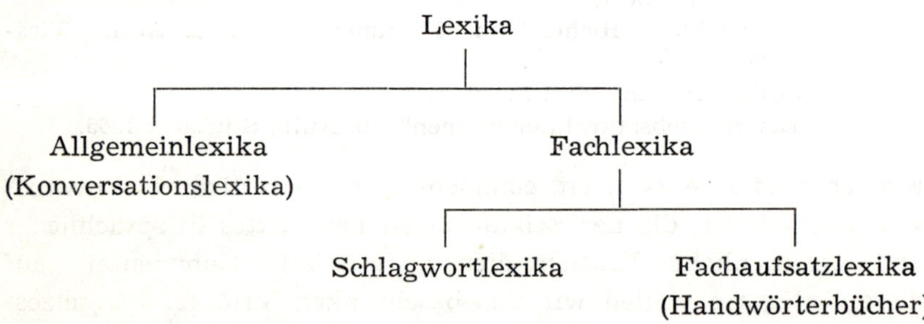

Allgemeinlexika erläutern Schlagworte aus allen Wissensgebieten. Fachlexika beschränken sich auf einen bestimmten Sachbereich; sie erläutern dafür in der Regel eine größere Zahl von Begriffen dieses

[1] Vgl. dazu die Ausführungen auf S. 87 f.

Bereichs und tun dies exakter und gründlicher, als es ein Allgemeinlexikon vermag.

Die Fachlexika lassen sich in Schlagwortlexika und in Fachaufsatzlexika unterscheiden. Aufgabe der Schlagwortlexika ist die Erläuterung einer möglichst großen Zahl der einschlägigen Fachbegriffe. Sie dienen der fallweisen punktuellen Information. Verweise von einem zu einem anderen Begriff helfen, die Zusammenhänge zu verdeutlichen. Als Beispiel für ein Schlagwortlexikon auf dem Gebiet der Wirtschafts- und Rechtswissenschaft sei das zweibändige Werk „Dr. Gablers Wirtschaftslexikon" erwähnt, das im Jahre 1967 in siebter Auflage erschienen ist.

Fachaufsatzlexika sind durch eine Beschränkung der Zahl ihrer Stichworte und durch umfangreiche Abhandlungen zu jedem Stichwort gekennzeichnet. Registerbände helfen, die in den Fachaufsätzen verwandten Einzelbegriffe zu erschließen. Fachaufsatzlexika werden oft auch als „Handwörterbücher" bezeichnet.

Beispiele:

„Handwörterbuch der Betriebswirtschaft"
(Zitierweise: HdB), 4 Bände, Stuttgart 1956 - 1962.

„Handwörterbuch der Sozialwissenschaften"
(Zitierweise: HdS), 12 Bände, Stuttgart - Tübingen - Göttingen, 1956 - 1965.

„Staatslexikon",
hrsg. von der Görres-Gesellschaft, 6. Aufl. , 8 Bände, Freiburg 1957 - 1963.

An dieser Stelle sei auf Aufsatzsammlungen in Buchform verwiesen, die der Ordnung eines Fachaufsatzlexikons entbehren. Es handelt sich hierbei vornehmlich um Festschriften, literarische Gaben zur Ehrung von Wissenschaftlern und anderer Persönlichkeiten, und um Tagungsberichte, in denen Vorträge und Diskussionsbeiträge wichtiger Kongresse gesammelt werden. Mit einem Unterton des Bedauerns werden Festschriften und Tagungsberichte häufig als Orte der wissenschaftlichen Versenkung gekennzeichnet. Um so wichtiger erscheint der Hinweis an Studenten und Praktiker, die dort verborgenen Schätze nicht unbeachtet zu lassen. Die Formularbücher sind aus den Bedürfnissen der juristischen Praxis entstanden. Gedruckte Textvorlagen für Verträge, die in juristischen Formularbüchern enthalten sind, leisten dem Juristen wertvolle Arbeitshilfe. Häufig sind die Vertragstexte mit Anmerkungen versehen, welche die rechtliche Bedeutung der einzelnen Formulierungen erläutern. Derart ausgestaltete Formularbücher werden oft auch als Formular-Kommentare bezeichnet.

Formularbücher dienen der Rationalisierung. Es nimmt deshalb nicht wunder, daß solche Werke auch für die kaufmännische Tätigkeit, vor allem für den kaufmännischen Schriftverkehr, entwickelt wurden. Zu nennen ist hier u. a. das von Dr. Dr. h. c. Reinhold Sellien herausgegebene „Brieflexikon für Kaufleute". Die Bezeichnung „Lexikon" für dieses nützliche, nach Sachbereichen geordnete Brief-Formularbuch beweist einmal mehr, wie frei die Verlagspraxis in der Wahl der Buchtitel und wie schwierig deshalb eine Gruppierung der vielfältigen Fachbuchproduktion ist.

Unter einer Dissertation (vom lat. dissertare = oft auseinandersetzen, ausführlich berichten) verstehen wir eine wissenschaftliche Abhandlung, die von einem Doktoranden zur Erlangung der Doktorwürde verfaßt wird. Eine bestimmte Anzahl von Exemplaren einer Dissertation ist derjenigen Universitätsfakultät einzureichen, welche die Promotion vornehmen soll. Ein Teil dieser Exemplare wird an die Deutsche Bibliothek, an Universitätsbüchereien und fallweise an andere wissenschaftliche Institutionen weitergegeben. Manche Dissertationen erscheinen auch im Buchhandel.

Eine Habilitationsschrift (von lat. habilis = geschickt, geeignet, tauglich) ist eine wissenschaftliche Abhandlung, durch die der Verfasser seine Qualifikation mit dem Ziel nachweisen will, das Recht zur Abhaltung von Vorlesungen an einer Universität zu erlangen[1]). Über die Einreichung und Verbreitung von Habilitationsschriften gilt ähnliches wie für Dissertationen. Dem Inhalt nach zählen Dissertationen und Habilitationsschriften in der Regel zur oben erwähnten Gruppe der Monographien.

---

[1]) Neue hochschulpolitische Bestrebungen zielen daraufhin, die Habilitation als Vorausetzung für die Einstellung als Professor entfallen zu lassen.

Sechster Teil

Bibliographie

Mag auch die Bibliographie in ihrer höchsten Ausgestaltung selbst unter die Wissenschaften zählen, so muß sie sich im allgemeinen damit begnügen, zu ihnen und anderen Zielen den Weg zu bahnen.

Georg Schneider
Handbuch der Bibliographie 1923

Begriff der Bibliographie

Dem Wortsinne nach bedeutet Bibliographie (von griech. biblion = Buch, graphein = schreiben) das Abschreiben und/oder das Verfassen von Büchern.

Im Laufe seiner langen Geschichte — nach Aussagen der Wissenschaft ist er schon seit dem fünften vorchristlichen Jahrhundert bekannt — hat der Begriff der Bibliographie einen mehrfachen Bedeutungswandel erfahren. Auch heute ist er mehrdeutig. Nach Totok, Weitzel und Weimann versteht man unter Bibliographie:

„(a) Ein nach bestimmten Gesichtspunkten geordnetes Verzeichnis von Schriften, unabhängig von ihrem Vorhandensein in einer Bibliothek.

(b) Die Lehre von den Schrifttumsverzeichnissen (Aufbau, Zweck, Benutzung, Einteilung, geschichtliche Entwicklung).

(c) Die Lehre von der Praxis der Schrifttumsverzeichnung (Methodik ihrer Herstellung).“[1])

In der modernen Wissenschaft wird die Bibliographie als ein Teilgebiet der Dokumentation betrachtet. Unter Dokumentation

---

[1]) Totok, Wilhelm — Weitzel, Rolf — Weimann, Karl Heinz, „Handbuch der bibliographischen Nachschlagewerke“, 3. Aufl., Frankfurt a. M. 1966, S. XVI.

wird das Erfassen, Ordnen und Aufschließen von wissenschaftlichen Dokumenten aller Art (Büchern, Zeitschriften, Patentschriften, numerischen Daten usw.) in verschiedenen Formen verstanden. Immer häufiger werden die Begriffe Dokumentation und Bibliographie auch synonym gebraucht.

Wir wollen uns hier auf die Bibliographie, und zwar im (oben unter Buchstabe a angeführten) Sinne des Schriftenverzeichnisses beschränken. Kenntnisse auf diesem Gebiet sind für jeden, der wissenschaftlich arbeitet, unerläßlich, verhelfen sie ihm doch zu einer wesentlichen Grundlage seines Tuns: zur Kenntnis der einschlägigen Literatur.

Gliederung der Bibliographien

Die vorhandenen Bibliographien lassen sich in verschiedener Weise gliedern[1]).

Einige der Gliederungsmöglichkeiten wollen wir hier aufführen und uns damit einen Einblick in die wissenschaftliche Quellenkunde verschaffen. Nach dem Inhalt der erfaßten Literaur unterscheiden wir Allgemeinbibliographien und Fachbibliographien. Allgemeinbibliographien umfassen Schriften aus allen Wissensbereichen, Fach- oder Spezialbibliographien nur solche aus einer bestimmten Disziplin.

Nach der Gattung der erfaßten Literatur lassen sich die Bibliographien in eine große Zahl von Kategorien unterteilen: Bibliographie der Bücher, Bibliographie von Zeitschriften (bibliography of periodicals), Bibliographie amtlicher Publikationen (bibliography of official publications) usw.

---

[1]) Vgl. dazu Blum, Rudolf — Totok, Wilhelm — Weimann, Karl Heinz, „Entwurf einer bibliographischen Terminologie“, in: Zeitschrift für Bibliothekswesen und Bibliographie, 12. Jg., Frankfurt a. M. 1965, S. 224—231.

Nach der Erscheinungsweise unterscheiden wir abgeschlossene (retrospektive) und laufende (periodische) Bibliographien. Als abgeschlossene (retrospektive) Bibliographien bezeichnet man die Publikationen, die rückblickend das innerhalb eines bestimmten Zeitraums erschienene Schrifttum erfassen und nur duch Zusatz- oder Ergänzungsbände fortgesetzt werden können. Periodische Bibliographien, die in regelmäßigen Zeitabständen erscheinen, verzeichnen dagegen nur die Neuerscheinungen. Durch (Jahres-) Register gewinnen die periodischen Bibliographien eine größere Dichte. Nach der Vollständigkeit der Erfassung unterscheiden wir vollständige Bibliographien und Auswahlbibliographien. Wichtig ist die Unterscheidung nach der Erscheinungsform. Hiernach gliedert die Bibliothekswissenschaft die Bibliographien in selbständige Bibliographien (separately published bibliography) und unselbständig erscheinende Bibliographien (appended bibliography). Zu den unselbständig erscheinenden Bibliographien, die bisweilen auch als versteckte Bibliographien bezeichnet werden, zählen u. a. Literaturverzeichnisse in Büchern, vor allem die Monographien und Fachaufsatzlexika. Die von der Deutschen Bücherei in Leipzig bearbeitete „Bibliographie der deutschen Bibliographien" ist — nach ihrem Untertitel — ein „Jahresverzeichnis der versteckten und selbständigen Bibliographien Deutschlands und der Literaturverzeichnisse deutschsprachiger Veröffentlichungen des Auslandes."

Die versteckten Bibliographien, die Literaturverzeichnisse, sind diejenigen, denen der Student als ersten begegnet. Im Laufe seines Studiums — etwa beim Anfertigen von Examens- oder Seminararbeiten — wird er dann zu selbständigen Bibliographien greifen müssen. Er kann diese in den Lesesälen wissenschaftlicher Bibliotheken einsehen.

Einzelne Bibliographien

Die Deutsche Bibliothek in Frankfurt am Main[1]) ist durch Gesetz unter anderem dazu verpflichtet, die in Deutschland verlegten

[1]) Vgl. dazu die Ausführungen auf S. 110 f.

Druckwerke bibliographisch zu verzeichnen. Diese Verpflichtung erfüllt sie durch die Herausgabe der Deutschen Bibliographie.

Die Deutsche Bibliographie ist eine selbständige, periodische und vollständige Allgemeinbibliographie.

Die Deutsche Bibliographie erscheint in mehreren Teilen. Der Bibliographie der Bücher dienen besonders die folgenden Teile. Das wöchentliche Verzeichnis erfüllt die Aufgabe der aktuellen Berichterstattung über Neuzugänge der Deutschen Bibliothek. Im Halbjahresverzeichnis werden die in den wöchentlichen Verzeichnissen erschienenen Titel, sowie österreichische und schweizerische Schriften, soweit sie der Deutschen Bibliothek zugesandt wurden, zusammengefaßt. Der Inhalt der Halbjahresverzeichnisse wiederum wird zu Fünfjahresverzeichnissen kromprimiert. Alle Teile der Deutschen Bibliographie sind durch Sach- bzw. Verfasserregister erschlossen[1]).

In ähnlichen Formen vollzieht sich die bibliographische Arbeit, die von der Deutschen Bücherei in Leipzig geleistet wird und die sich ebenfalls auf das gesamte in Deutschland erscheinende und das deutschsprachige Schrifttum erstreckt. Die Deutsche Nationalbibliographie erscheint wöchentlich. Das Jahresverzeichnis des deutschen Schrifttums und das im Abstand von jeweils fünf Jahren erscheinende Deutsche Bücherverzeichnis dienen der umfassenderen Sammlung und der Verdichtung des bibliographischen Materials.

Die selbständige Fachbibliographie auf dem Gebiet der Wirtschaftswissenschaften ist — jedenfalls in der Bundesrepublik Deutschland — noch recht lückenhaft. Auf dem Gebiet der Volkswirtschaftslehre soll ein Katalogdruck der Bücherei des Instituts für Weltwirtschaft an der Universität Kiel die Lücke schließen.

---

[1]) Eine nützliche Anleitung zur Benutzung der deutschen Bibliographie gibt Rolf Weitzel, „Die deutschen nationalen Bibliographien", 2. Aufl. Frankfurt a. M. 1960.

Für den Bereich der Betriebswirtschaftslehre ist das Betriebswirtschaftliche Literatur-Lexikon zu erwähnen, das von der Schriftleitung der Zeitschrift für Betriebswirtschaft herausgegeben wurde und Publikationen der Zeit von 1955 bis 1960/61 umfaßt[1]).

Das von 1945 bis 1960 erschienene Organisationsschrifttum ist in der „Bibliographie der Organisationsliteratur" verzeichnet[2]).

Im übrigen bleibt der Betriebswirt — hinsichtlich der Buchproduktion — auf die versteckte Bibliographie verwiesen.

Auch die Zahl der Bibliographien (aller Art) ist kaum mehr zu übersehen. Dem Überblick dienen besondere Sammelwerke, Bibliographien der Bibliographien, gleichsam Bücherverzeichnisse der zweiten Potenz. Unter den vorliegenden Titeln erscheint mir das von Totok, Weitzel und Weimann edierte „Handbuch der bibliographischen Nachschlagewerke"[3]) in besonderer Weise geeignet.

---

[1]) Betriebswirtschaftliches Literatur-Lexikon, hrsg. von der Zeitschrift für Betriebswirtschaft, Wiesbaden 1962.

[2]) Erich Kosiol, „Bibliographie der Organisationsliteratur", Berlin 1961.

[3]) 3. Aufl., Frankfurt a. M. 1966.

Siebter Teil

Fachzeitschriften für Betriebswirte

Junge Leute sollten bei ihrer Lektüre so vorsichtig sein wie alte Menschen bei ihrer Ernährung. Sie sollten nicht zuviel essen. Und sie sollten gut kauen.

Winston S. Churchill
Gedanken und Abenteuer 1932

Eine Definition derjenigen periodischen Publikationen, die wir als Zeitschriften bezeichnen, und damit ihre Abgrenzung von anderen Publikationen, bereitet angesichts der Vielfalt der Druckerzeugnisse nicht unerhebliche Schwierigkeiten.

Salzmann beschreibt die Eigenschaften der Zeitschriften wie folgt: „Zu den Zeitschriften zählen — auch wenn sie im Titel als „Zeitung, Blatt oder Archiv" bezeichnet werden — alle periodisch erscheinenden Druckwerke eines meist fachlich oder in der Darbietungsform umgrenzten Inhalts, der nicht durch Nachrichten über das Tagesgeschehen bestimmt wird, sondern — bei aller Verfasser-Vielfalt — das Wirken einer selbstgestellten Aufgabe erkennen läßt. Zeitschriften wenden sich oft an weit verstreut wohnende, immer aber durch gemeinsame Interessengebiete gebundene Leserkreise. Durch diese Begrenzung auf Teilbereiche geistigen Schaffens und der Berichterstattung ist ihre schriftlich-bildliche Vermittlungstätigkeit nicht der allgemeinen Tagesaktualität unterworfen. Ihr Wille, mit ihren Einzelstücken eine öffentliche Wirksamkeit auf unbegrenzte Dauer zu entfalten, und sie als Teile eines einheitlich-vielfältigen Ganzen erkennen zu lassen, wird durch in der Regel von Folge zu Folge fortgeführte Seitenzählung, die fortlaufende Numerierung der Einzelteile und durch typografisch-drucktechnische Gestaltungskontinuität gekennzeichnet."[1])

---

[1]) Salzmann, Karl, H., „Die deutsche Zeitschrift 1953/55', in: „Die Deutsche Presse 1955", Berlin 1955, Aufsatzteil S. 97—98.

Von den Zeitungen unterscheiden sich die Zeitschriften also in der Hauptsache durch den fachlichen oder hinsichtlich der Darbietungsform umgrenzten Inhalt, durch die Abstandnahme von der Tagesaktualität und durch die Erscheinungsweise (Zeitschriften erscheinen wöchentlich oder in weiteren zeitlichen Abständen).

Publikumszeitschriften und Fachzeitschriften

In der bibliothekswissenschaftlichen Literatur werden die Zeitschriften in Publikumszeitschriften und Fachzeitschriften unterschieden. Die Publikumszeitschriften dienen der Unterhaltung, der Erbauung und/oder der Vertiefung des Allgemeinwissens, die Fachzeitschriften dienen der fachlichen Unterrichtung. Die folgenden Ausführungen beschränken sich auf Fachzeitschriften, und zwar auf solche wirtschaftswissenschaftlicher Art, die der Ausbildung und/oder der Berufspraxis von Betriebswirten dienen.

Wer der Entstehungsgeschichte einzelner der hier zu betrachtenden Fachzeitschriften nachgeht, wird feststellen, daß die Initiatoren solcher Publikationen unterschiedlichen Gruppen unserer Gesellschaft zuzuordnen sind: Wissenschaftler, die ein Diskussionsforum für die von Ihnen vertretene Disziplin eröffnen wollen; Wirtschafts- und Berufsverbände, die den Anliegen der von ihnen repräsentierten Gruppen Gehör zu verschaffen suchen; Forschungsinstitute, welche die Veröffentlichung Ihrer Untersuchungsergebnisse beabsichtigen; Unternehmen, die aus absatzpolitischem Interesse zur Verbreitung des Wissens über bestimmte Verfahrenstechniken beitragen wollen und nicht zuletzt die Verlage können Anreger und Träger von Fachzeitschriften sein. Es liegt auf der Hand, daß

die Kenntnis der Intentionen, die Herausgeber und Verlag bei der Publikation einer Fachzeitschrift bewegen, für deren Auswertung von erheblicher Bedeutung ist.

Ein Blick in eine Zeitschriften-Bibliographie beweist, daß der Markt der wirtschaftswissenschaftlichen Fachzeitschriften auf der Seite des Angebots außerordentlich dicht besetzt ist. Der Wettbewerb ist entsprechend hart.

Diese Sachverhalte sind die wesentlichen Ursachen für die großen Schwierigkeiten, die einer Gruppierung der hier in Rede stehenden Fachzeitschriften im Wege stehen. Fachzeitschriften müssen, wenn sie nicht subventioniert sind, ihre Produktionskosten „einspielen", sie müssen am Markt verkauft werden. Ihr Programm kann sich deshalb nicht vornehmlich an fach- oder bibliothekswissenschaftlichen Kategorien, es muß sich vielmehr an den Gegebenheiten des Marktes orientieren. Das muß bei der Wertung der folgenden Gruppierung berücksichtigt werden.

Diese umfaßt im übrigen eine — nach Meinung des Verfassers — repräsentative Auswahl der für Studium und Beruf des Betriebswirts nützlichen Fachzeitschriften. Die Auswahl ist nicht vollständig. Sie enthebt den Leser nicht von der Aufgabe, den Zeitschriftenmarkt im Hinblick auf seine persönlichen Informationswünsche gründlich zu prüfen.

Einzelne Fachzeitschriften

1. Zeitschriften, die sich vornehmlich mit Themen beschäftigen, die Gegenstand der wissenschaftlichen Forschung an Hochschulen sind

<u>Management-International</u>

Internationale Zeitschrift für Betriebswirtschaft und Unternehmensführung, die besonders der Entwicklung der Managementlehre und der vergleichenden Betriebswirtschaftslehre dient. Die Beiträge erscheinen in deutscher, englischer oder französischer Sprache. Kurzfassungen in den nicht für den Beitrag verwandten vorgenannten Sprachen sollen die Benutzung erleichtern; Gabler-Verlag, Wiesbaden.

Zitierweise: MI

<u>Betriebswirtschaftliche Forschung und Praxis</u>

Zeitschrift für wissenschaftliche und praktische Fragen der Betriebswirtschaft. Diese Zeitschrift wird von dem ehemaligen

Göttinger Ordinarius Prof. Dr. Wilhelm Hasenack herausgegeben, der sich um die betriebswirtschaftliche Ausbildung — auch an den Höheren Wirtschaftsfachschulen — in besonderer Weise verdient gemacht hat; Verlag Neue Wirtschaftsbriefe GmbH, Herne und Berlin.

Zitierweise: BFuP

Neue Betriebswirtschaft

Zeitschrift für Betriebswirtschaft, vor allem Unternehmensführung, mit umfassendem Zeitschriften-Informationsdienst; Verlagsgesellschaft Neue Betriebswirtschaft, Heidelberg.

Zitierweise: NB

Schmalenbachs Zeitschrift für betriebswirtschaftliche Forschung

Diese Zeitschrift führt die Tradition der „Zeitschrift für handelswissenschaftliche Forschung" weiter, des ältesten betriebswirtschaftlichen Fachorgans, das im Jahre 1906 von Eugen Schmalenbach gegründet wurde. Sie wird von Prof. Dr. Karl Hax im Auftrag der Schmalenbach-Gesellschaft und in enger Verbindung mit ihr herausgegeben; Westdeutscher Verlag, Köln - Opladen.

Zitierweise: ZfbF

Zeitschrift für Betriebswirtschaft

Die Zeitschrift wurde von Prof. Dr. Fritz Schmidt, einem der Pioniere der akademischen Betriebswirtschaftslehre und Vater der organischen Bilanztheorie begründet. Sie wird nunmehr von Prof. Dr. Erich Gutenberg herausgegeben. Bei den Studenten erfreut sich besonders das ihr beigeheftete Betriebswirtschaftliche Repetitorium großer Beliebtheit; Gabler-Verlag, Wiesbaden.

Zitierweise: ZfB

Die hier rubrizierten Zeitschriften widmen sich durch die von ihnen in besonderer Weise gepflegten Buchbesprechungen der wichtigen Aufgabe der wissenschaftlichen Kritik.

2. Zeitschriften, die auf wissenschaftlicher Grundlage bestimmte Sachbereiche der Wirtschaft behandeln und in der Hauptsache zur Unterrichtung der Wirtschaftspraktiker dienen

Zu dieser Kategorie gehört die Mehrzahl der betriebswirtschaftlichen Fachzeitschriften. Die im folgenden dargebotene Auswahl ist nach den in der Überschrift erwähnten Sachbereichen untergliedert.

a) Informationen über alle betriebswirtschaftlich relevanten Sachbereiche

Betriebswirtschafts-Magazin

Zeitschrift für Betriebswirtschaft, Steuer, Wirtschaftsrecht; Gabler-Verlag, Wiesbaden.

Zitierweise: BWM

b) Rechnungswesen

Bilanz- und Buchhaltungs-Praxis

Zeitschrift für Buchhaltung und Bilanz; Gabler-Verlag, Wiesbaden.

Zitierweise: BiBuPraxis

Buchhaltungs-Briefe

Zeitschrift für Buchführung, Bilanz und Kostenrechnung: Verlag Neue Wirtschaftsbriefe GmbH, Herne und Berlin

Zitierweise: BBriefe

Kostenrechnungs-Praxis

Betriebsabrechnung, Kostenrechnung und Kostenplanung; Gabler-Verlag, Wiesbaden.

Zitierweise: KRP

c) Prüfungs- und Revisionswesen

Die Wirtschaftsprüfung

Fachorgan für das wirtschaftliche Prüfungs- und Treuhandwesen, herausgegeben vom Institut der Wirtschaftsprüfer in

Deutschland e. V.; Verlagsbuchhandlung des Instituts der Wirtschaftsprüfer GmbH, Düsseldorf.

Zitierweise: Wpg

Zeitschrift Interne Revision

Herausgegeben im Auftrag des Instituts für Interne Revision, Erich Schmidt Verlag, Berlin - Bielefeld - München.

Zitierweise: ZIR

Die steuerliche Betriebsprüfung

Zeitschrift für alle Fragen des steuerlichen Prüfungswesens; Erich Schmidt Verlag, Berlin - Bielefeld - München.

Zitierweise: StBp

d) Organisation und Datenverarbeitung

Zeitschrift für Organisation

Herausgegeben von der Gesellschaft für Organisation e. V.; Gabler-Verlag, Wiesbaden.

Zitierweise: ZfürO

Rationalisierung

Monatszeitschrift des Rationalisierungs-Kuratoriums der Deutschen Wirtschaft — RKW —; Carl Hanser Verlag, München.

Data-Report

Zeitschrift für Datentechnik, herausgegeben und verlegt durch die Siemens AG, Berlin und München.

IBM-Nachrichten

Zeitschrift für Datentechnik, herausgegeben und verlegt durch die IBM Deutschland GmbH, Sindelfingen bei Stuttgart.

e) Versicherung, Kreditwirtschaft, Finanzierung

Bank-Betrieb

Zeitschrift für Bankpolitik und Bankpraxis, herausgegeben vom Bundesverband deutscher Banken; Bankverlag GmbH, Köln.

Blätter für Genossenschaftswesen

Zeitschrift für die Theorie und Praxis des Genossenschaftswesens, behandelt vor allem die Probleme der gewerblichen Kreditgenossenschaften, Organ des Deutschen Genossenschaftsverbandes Schulze-Delitzsch e. V.; Deutscher Genossenschaftsverlag eGmbH, Wiesbaden.

Der Bankkaufmann

Fachzeitschrift für die Bankpraxis; Gabler-Verlag, Wiesbaden.
Zitierweise: BK

Der langfristige Kredit

Zeitschrift für langfristige Finanzierung und Vermögensanlage; Verlag Helmut Richardi, München.

Sparkasse

Zeitschrift für Bankpolitik und Bankpraxis herausgegeben vom Deutschen Sparkassen- und Giroverband e. V.; Deutscher Sparkassenverlag GmbH, Stuttgart.

Zeitschrift für das gesamte Kreditwesen

Zeitschrift für Währungspolitik und Bankwirtschaft, im Herausgebergremium dieser Zeitschrift sind Persönlichkeiten aus den wichtigsten Sparten des Kreditwesens vertreten; Fritz Knapp Verlag, Frankfurt a. M.
Zitierweise: ZfgK

Das Wertpapier

Zeitschrift für Kapitalanlage, herausgegeben von der Deutschen Schutzgemeinschaft für Wertpapierbesitz e. V., Verlag Das Wertpapier GmbH, Düsseldorf.

Der Versicherungskaufmann

Zeitschrift für die Versicherungspraxis; Gabler-Verlag, Wiesbaden.
Zitierweise: VK

f) Absatzwirtschaft

Absatzwirtschaft

Zeitschrift für Marketing, herausgegeben von der Absatzwirtschaftlichen Gesellschaft Nürnberg e. V. und der Vereinigung Deutscher Marketing- und Verkaufsleiter-Clubs e. V.; Verlag Handelsblatt GmbH, Düsseldorf.

Der Außenhandels-Kaufmann

Zeitschrift für Export, Import, Spedition; Gabler-Verlag, Wiesbaden.

Zitierweise: AK

Der Markenartikel

Zeitschrift für alle Fragen der Preisbindung der zweiten Hand; Markenartikel Verlagsgesellschaft mbH, Wiesbaden.

g) Steuer-, Wirtschafts- und Arbeitsrecht

Der Betrieb

Zeitschrift für Betriebswirtschaft, Steuerrecht, Wirtschaftsrecht, Arbeitsrecht; Verlag Handelsblatt GmbH, Düsseldorf.

Zitierweise: DB

Der Betriebsberater

Zeitschrift für Wirtschaftsrecht, Steuerrecht, Arbeits- und Sozialrecht, Verlagsgesellschaft Recht und Wirtschaft mbH, Heidelberg.

Zitierweise: BB

Neue Wirtschafts-Briefe

Zeitschrift für Steuer- und Wirtschaftsrecht; Verlag Neue Wirtschaftsbriefe GmbH, Herne und Berlin.

Zitierweise: NWB

3. Zeitschriften, die der Publikation von Ergebnissen der amtlichen Statistik dienen

Die Statistik ist für die Arbeit des Wirtschaftswissenschaftlers von besonderer Bedeutung. In diesem Buch wird ihr deshalb ein eigenes

Kapitel gewidmet und darin auch ein Überblick über statistische Veröffentlichungen gegeben; wir verweisen deshalb auf Seite 111—112.

4. Zeitschriften, die der Konjunkturberichterstattung dienen

BMWI

Monatsberichte des Bundesministers für Wirtschaft über die wirtschaftliche Lage in der Bundesrepublik Deutschland.

Wirtschaftskonjunktur

Behandelt in umfassenden Analysen die Konjunkturlage der Bundesrepublik im Zusammenhang mit der weltwirtschaftlichen Entwicklung, herausgegeben vom IFO-Institut für Wirtschaftsforschung München; erscheint vierteljährlich im Verlag Duncker & Humblot, Berlin und München.

IFO-Schnelldienst

Zeitschrift, die der wöchentlichen aktuellen Berichterstattung über Konjunkturdaten aus dem Bereich der Industrie und des Handels dient; herausgegeben vom IFO-Institut für Wirtschaftsforschung; Verlag Duncker & Humblot, Berlin und München.

DIW-Wochenbericht

Zeitschrift, die der wöchentlichen Konjunkturberichterstattung durch das deutsche Institut für Wirtschaftsforschung in Berlin dient; Verlag Duncker & Humblot, Berlin und München.

Vierteljahreshefte zur Wirtschaftsforschung

In dieser Zeitschrift werden neben Konjunkturanalysen auch Methodenfragen der Konjunkturforschung behandelt; Verlag Duncker & Humblot, Berlin und München.

Monatsberichte der Deutschen Bundesbank

In den Monatsberichten berichtet die Bundesbank über die konjunkturelle Situation der Bundesrepublik unter besonderer Berücksichtigung der währungspolitischen Aspekte.

5. Ausbildungszeitschriften

Unter einer Ausbildungszeitschrift ist eine Fachzeitschrift zu verstehen, deren Inhalt unter dem spezifischen Gesichtspunkt seiner Eignung für die Aus- und/oder Weiterbildung von Angehörigen einer bestimmten Berufsgruppe gestaltet wird[1]).

Der graduierte Betriebswirt

Zeitschrift für Studenten und Absolventen der Höheren Wirtschaftsfachschule; Gabler-Verlag, Wiesbaden.

Zitierweise: GradBW

6. Werkzeitschriften

Unter Werkzeitschriften verstehen wir Fachzeitschriften, die von Unternehmen herausgegeben werden und zur Unterrichtung über wirtschaftliche, soziale und produktionstechnische Angelegenheiten dieser Unternehmen dienen. Zielgruppen der Berichterstattung der Werkzeitschriften sind die Betriebsangehörigen und/oder die Kapitaleigner (Pflege des Kapitalmarktes).

Werkzeitschriften im oben definierten Sinn dürfen nicht mit den Publikationen verwechselt werden, die von bestimmten Unternehmen mit dem Zweck editiert werden, die Fachwelt über die Anwendung ihrer Produkte zu unterrichten. Zwei der letztgenannten Publikationen (Data-Report, IBM-Nachrichten) sind unter Nr. 2 Buchst. d aufgeführt.

Werkzeitschriften berichten — in der Regel aus dem Aspekt der Unternehmensleitung — über innerbetriebliche Sozialprobleme. Sie sind hervorragende Fundstellen für Arbeiten auf dem Gebiet der Unternehmensgeschichte.

---

[1]) Mag die Bestimmung des Begriffs der Ausbildungszeitschrift auch in der Theorie gelingen. In der Praxis bereitet die Abgrenzung nicht unerhebliche Schwierigkeiten. Im Zeitalter der éducation permanente: Welche Zeitschrift dient letztlich nicht (auch) der Aus- und/oder der Weiterbildung?

Farben-Post

Zeitschrift für die Mitarbeiter der Farbwerke Höchst AG.

Der Hüttenmann bei Röchling

Herausgegeben von den Röchlingschen Eisen- und Stahlwerken GmbH, Völklingen.

Buderus-Post

Werkzeitung der Buderusgruppe, Wetzlar.

Bibliographien der Zeitschriftentitel

Das Zeitschriftenverzeichnis, ein Teil der — von der Deutschen Bibliothek herausgegebenen — Deutschen Bibliographie, ist eine „Bibliographie der in Deutschland erscheinenden periodischen Veröffentlichungen sowie der deutschsprachigen Periodica Österreichs, der Schweiz und anderer Länder“ (Untertitel). Es verzeichnet Titel, Verlag, Erscheinungsweise und Preis der o. a. Publikationen. Das Verzeichnis unterteilt die Zeitschriften in 24 Sachgruppen. Das Hauptinteresse des Betriebswirts dürfte der Sachgruppe 15 (Wirtschaft) dieser Zeitschriften-Bibliographie dienen, die wie folgt untergliedert ist:

1. Volkswirtschaftslehre,
2. Finanzen und Steuern,
3. Betriebswirtschaft,
4. Wirtschaftspolitik, Handel,
5. Allgemeine Handels- und Gewerbeverbände,
6. Industrie- und Handelskammern,
7. Handwerkskammern,
8. Geld, Kredit, Bank, Börse,
9. Private Versicherung,
10. Genossenschaften,
11. Grundstücks-, Bau- und Wohnungswirtschaft,
12. Statistik, Verwaltungsberichte,
13. Kundenzeitschriften.

Ähnliche Dokumentationsaufgaben wie das Zeitschriften-Verzeichnis erfüllt das in mehrjährigem Abstand vom Institut für Publizistik der Freien Universität Berlin herausgegebene Handbuch „Die Deutsche Presse“, das im Verlag Duncker & Humblot erscheint.

Auf die Interessen der Werbewirtschaft ausgerichtet ist die Zeitschriftendokumentation im „Leitfaden für Presse und Werbung“, dessen 21. Ausgabe im Jahre 1968 im Stamm-Verlag GmbH, Essen-Stadtwald, erschienen ist. (In diesem Leitfaden sind u. a. Anzeigenpreise, Satzspiegel und Auflagen der Fachzeitschriften nachgewiesen.)

Bibliographien des Zeitschrifteninhalts

Die „Internationale Bibliographie der Zeitschriftenliteratur aus allen Gebieten des Wissens“ verzeichnet die Überschriften der Zeitschriftenaufsätze unter ihrem deutschen Schlagwort, das den behandelten Gegenstand angibt. Auf die Zeitschrift, in welcher der Aufsatz erschienen ist, wird durch eine Schlüsselzahl verwiesen. Außerdem enthält sie ein Verfasserregister. Damit ist die Internationale Bibliographie der Zeitschriftenliteratur, die von Otto Zeller herausgegeben wird, jährlich im Felix Dietrich-Verlag, Osnabrück, erscheint und in Fachkreisen nach dem Verlag als „der Dietrich“ bezeichnet wird, ein hervorragendes Mittel der Literatursammlung für Referate und andere Hausarbeiten. Auch für den Praktiker, der sich schnell über die Zeitschriften-Literatur eines Sachgebietes orientieren will, ist sie unentbehrlich.

Der internationale betriebswirtschaftliche Zeitschriftenreport, eine Zeitschrift zur Information und Dokumentation, beschäftigt sich ausschließlich mit der Dokumentation betriebswirtschaftlicher Zeitschriftenaufsätze. Diese Zeitschrift, die auch Besprechungsaufsätze zu wichtigen Zeitschriftenaufsätzen enthält, erscheint seit 1967 monatlich in der Verlagsbuchhandlung des Instituts der Wirtschaftsprüfer GmbH, Düsseldorf (Zitierweise: IBZ).

Der Sach- und Autorendokumentation betriebswirtschaftlicher Zeitschriftenaufsätze dient auch der Dokumentationsring Betriebswirtschaft, dem zwölf Universitätsinstitute in der Bundesrepublik und andere wissenschaftliche Einrichtungen angehören. Leitstelle dieses Dokumentationsrings ist das Rationalisierungskuratorium der Deutschen Wirtschaft e. V. (RKW) in Frankfurt a. M., Gutleutstr. 163—167. Der Dokumentationsring veröffentlicht ein Jahresregister, das als Beilage zur Zeitschrift „Neue Betriebswirtschaft" erscheint.

Einzelne Fachzeitschriften widmen sich neben der üblichen Fachinformation auch Aufgaben der Fachbibliographie. Ich verweise hier beispielsweise auf den „Zeitschriftenspiegel", der Bestandteil der Zeitschrift „Die Wirtschaftsprüfung" ist, und auf die „Bankwirtschaftliche Bibliographie", eine Beilage zum „Bank-Betrieb".

Hilfe beim Aufsuchen von Zeitschriftenaufsätzen bieten schließlich auch die Jahres-Inhaltsverzeichnisse der einzelnen Fachzeitschriften, welche die Aufsätze eines Zeitschriftenjahrgangs in der Regel nach Verfassern und nach Sachgebieten geordnet festhalten.

Der Student sollte sich für die Fachgebiete, die ihn besonders interessieren, die für sein Studium oder seine praktische Arbeit von besonderer Bedeutung sind, eine private Dokumentation von Zeitschriftenaufsätzen — etwa in Karteiform — anlegen. Auf diese Weise vermag er diejenigen Beiträge vor dem Vergessenwerden zu bewahren, deren Kenntnis sich später als nützlich erweisen kann.

Achter Teil

Amtliche Publikationen

Öffentliche Angelegenheiten gehören in die Öffentlichkeit. Was alle in gleichem Maße angeht, mögen alle ausrichten oder wenigstens davon wissen.

Johann Amos Comenius
Vorrede an die Europäer in: Allgemeine Beratung über die Verbesserung menschlicher Dinge 1666

Im zeitgenössischen wirtschaftspolitischen Schrifttum werden die westlichen Industrieländer häufig als Interventionsstaaten gekennzeichnet. Damit soll zum Ausdruck gebracht werden, daß die Regierung dieser Staaten — unbeschadet ihres grundsätzlichen Bekenntnisses zu einer freiheitlichen Wirtschaftsordnung — zum Regierungen dieser Staaten — unbeschadet ihres grundsätzlichen administrative Maßnahmen in den marktwirtschaftlichen Prozeß eingreifen.

Die wirtschaftspolitische Aktivität des Staats signalisiert beispielhaft die Bedeutung der Rechtsordnung für die Wirtschaft. Der Betriebswirt muß die Texte von Gesetzen, Verordnungen und Erlassen verstehen, und er muß wissen, in welchen Publikationen er eine Rechtsvorschrift zu suchen hat.

Wir wollen deshalb den Versuch machen, die Aufgabe wichtiger amtlicher Publikationen im folgenden darzustellen.

Der Begriff der „amtlichen Publikationen" ist überaus weit. Er umfaßt das gesamte Schrifttum, das von Behörden herausgegeben wird, also beispielsweise auch eine vom Bundesminister für Arbeit und Sozialordnung vorgelegte Broschüre mit dem Titel „Die Frau im Erwerbsleben" und die Monatsberichte der Deutschen Bundesbank. Wir wollen hier den Begriff der amtlichen Publikation enger fassen und darunter einmal die amtlichen Publikationsorgane verstehen, d. h. regelmäßig erscheinende Publikationen, die der Veröffentlichung von Gesetzen, Rechtsverordnungen und Verwaltungsanordnungen dienen. Zum anderen sollen die Parlamentsdrucksachen unter den Begriff der amtlichen Publikation gefaßt werden.

In diesem Aufsatz sollen die amtlichen Publikationsorgane des Bundes und der Länder und die Drucksachen des Deutschen Bundestages behandelt werden.

Amtliche Publikationsorgane der Bundesregierung

Die deutsche Verwaltungspraxis unterteilt die amtlichen Publikationsorgane (im genannten engeren Sinn) in Verkündungsorgane und sonstige Veröffentlichungsblätter.

Amtliche Publikationsorgane

Verkündungsblätter

sonstige Veröffentlichungsblätter

Verkündungsblätter sind solche Publikationen, in denen Gesetze, Rechtsverordnungen und/oder Tarife in rechtswirksamer Weise (mit Außenwirkung) veröffentlicht werden.

I. Verkündungsblätter

Verkündungsblätter der Bundesregierung sind

— das Bundesgesetzblatt (herausgegeben vom Bundesminister der Justiz);

— der Bundesanzeiger (herausgegeben vom Bundesminister der Justiz);

— der Tarif- und Verkehrsanzeiger der Eisenbahnen des öffentlichen Verkehrs im Bundesgebiet (herausgegeben von der Deutschen Bundesbahn);

— das Verkehrsblatt (herausgegeben vom Bundesminister für Verkehr).

1. Das Bundesgesetzblatt

Das Bundesgesetzblatt erscheint in drei Teilen.

Teil I des Bundesgesetzblattes (BGBl. I) ist Verkündungsblatt für

(a) alle Bundesgesetze,

(b) Rechtsverordnungen von wesentlicher oder dauernder Bedeutung,

(c) Entscheidungen gemäß Artikel 129 Abs. 1 Satz 2 des Grundgesetzes,

(d) Entscheidungsformeln des Bundesverfassungsgerichts in den Fällen des § 31 Abs. 2 des Gesetzes über das Bundesverfassungsgericht vom 12. März 1951 (BGBl. I S. 243).

Rechtsverordnungen können auch im Bundesanzeiger verkündet werden (Gesetz über die Verkündung von Rechtsverordnungen vom 30. 1. 1950 — BGBl. I, S. 23). § 81 der gemeinsamen Geschäftsordnung der Bundesministerien, besonderer Teil (GGO II)[1]) bestimmt, welches Verkündigungsblatt im Einzelfall zu wählen ist.

Auf Rechtsverordnungen, die im Bundesanzeiger verkündet werden, wird unter Angabe der Stelle ihrer Veröffentlichung und des Tages ihres Inkrafttretens nachrichtlich im Bundesgesetzblatt hingewiesen. Das Gleiche gilt für die Veröffentlichung im Teil II des Bundesgesetzblattes und für die Rechtsvorschriften der Europäischen Gemeinschaften, die mit ihrer Veröffentlichung im „Amtsblatt der Europäischen Gemeinschaften" (siehe unten) unmittelbare Rechtswirksamkeit in der Bundesrepublik Deutschland erlangt haben.

Durch diese Hinweise wird ein zusammenfassender Überblick über alle bundeseinheitlich geltenden Rechtsnormen ermöglicht.

---

[1]) Beschluß der Bundesregierung vom 1. 8. 1958 mit Ergänzungen vom 10. 3. 1960, herausgegeben vom Bundesministerium des Innern.

Teil II des Bundesgesetzblattes (BGBl. II) ist Verkündungsblatt für

(a) mit auswärtigen Mächten abgeschlossene Verwaltungsabkommen, bei denen eine Beschlußfassung der gesetzgebenden Körperschaft stattfindet oder die Ratifikation[1]) durch den Bundespräsidenten vorgesehen ist, sowie die Bekanntmachung über die Ratifikation solcher Abkommen,

(b) Rechtsverordnungen auf dem Gebiet des Zolltarifwesens,

(c) Veröffentlichungen, die den Bundeshaushalt und die Ortsklassenverzeichnisse, die Eisenbahnen, die Schiffahrt und die Bundeswasserstraßen betreffen.

Die Verkündung der Gesetze im Teil I und II des Bundesgesetzblattes erfolgt in der zeitlichen Reihenfolge ihrer Ausfertigung.

Im Teil III des Bundesgesetzblattes (BGBl. III) wird das als fortgeltend festgestellte Bundesrecht auf Grund des Gesetzes über die Sammlung des Bundesrechts vom 10. 7. 1958 (BGBl. I S. 437) nach Sachgebieten geordnet veröffentlicht. Durch die Feststellung des fortgeltenden Bundesrechts (Bereinigung des Bundesrechts) soll die Arbeit der Verwaltung und der Rechtsprechung ebenso wie die zukünftige Gesetzgebung erleichtert werden.

2. Der Bundesanzeiger

Der Bundesanzeiger ist das Verkündungsblatt für

(a) Rechtsverordnungen, die nicht im Bundesgesetzblatt verkündet werden,

(b) allgemeine Verwaltungsvorschriften, die nicht die erforderliche weite Verbreitung finden würden, wenn sie nur in den Ministerialblättern der Bundesministerien veröffentlicht würden,

---

[1]) Unter Ratifikation (von lat. ratus = bestimmt, sicher und facere = machen) versteht man „das feierliche Versprechen des zur völkerrechtlichen Vertretung befugten Staatsorgans — stets das Staatsoberhaupt —, den unterzeichneten und je nach den verfassungsrechtlichen Erfordernissen auch vom Parlament genehmigten Vertrag als bindend anzusehen und seine innerstaatliche Durchführung zu gewährleisten.“ Menzel, Eberhard, „Völkerrecht“, München und Berlin 1962, S. 257.

(c) mit auswärtigen Mächten abgeschlossene Verwaltungsabkommen, bei denen keine Beschlußfassung der gesetzgebenden Körperschaften und keine Ratifikation durch den Bundespräsidenten vorgesehen ist.

Die Bundesregierung kann — wenn ihr dies notwendig erscheint — im Bundesanzeiger auch die Begründung von Gesetzentwürfen veröffentlichen. Der Bundesanzeiger ist ferner Bekanntmachungsblatt für die gerichtlichen und handelsrechtlichen Bekanntmachungen nach Maßgabe des Gesetzes über Bekanntmachungen vom 17. Mai 1950 (BGBl. I S. 183) und anderen Gesetzen. Zu diesen Bekanntmachungen, die zum Teil unter der Rubrik „Gerichtliche und sonstige Bekanntmachungen", zum anderen Teil in der „Zentralhandelsregister-Beilage" veröffentlicht werden, gehören u. a.

— die Gläubigeraufforderung durch einen Miterben gemäß § 2016 Abs. 2 BGB,

— die Eintragungen in das Handelsregister gemäß § 10 HGB,

— die Einberufung der Hauptversammlungen von Aktiengesellschaften gem. § 121 Abs. 3 in Verbindung mit § 25 AktG,

— die Veröffentlichung des festgestellten Jahresabschlusses von Aktiengesellschaften gem. § 177 Abs. 2 in Verbindung mit § 25 AktG,

— die Eintragungen in die Urheberrolle gem. § 138 Abs. 3 des Urheberrechtsgesetzes,

— die Vermögensbeschlagnahme gem. § 290 StPO,

— die Konkurseröffnungsbeschlüsse und deren Aufhebung; die Aufhebung, die Wiederaufnahme und die Einstellung von Konkursverfahren (§ 111, 116, 163, 190, 198 und 205 der Konkursordnung),

— die Mitteilungen über Wettbewerbsregeln und die Bekanntmachungen der Kartellbehörde gemäß §§ 32 und 58 des Gesetzes gegen Wettbewerbsbeschränkungen.

Gemäß § 33 des Gesetzes über die Deutsche Bundesbank hat die deutsche Zentralbank „ihre für die Öffentlichkeit bestimmten Bekanntmachungen, insbesondere den Aufruf von Noten, die Festsetzung von Zins-, Diskont- und Mindestreservesätzen sowie die Anordnung von Statistiken im Bundesanzeiger zu veröffentlichen“[1]).

Der Bundesanzeiger ist ferner Bekanntmachungsblatt der Bundesministerien und obersten Bundesbehörden für Bekanntmachungen, die in den Ministerialblättern nicht veröffentlicht werden oder deren Veröffentlichung in Ministerialblättern nicht die notwendige weite Verbreitung finden würde.

Außerdem finden sich im Bundesanzeiger Hinweise auf den Inhalt des Teils I und II des Bundesgesetzblattes, auf den Inhalt aller Ministerialblätter der Bundesregierung und des Amtsblatts der Europäischen Gemeinschaft.

Im Bundesanzeiger werden Ausschreibungen[2]), besonders des Bundesamtes für Ernährung und Landwirtschaft, des Bundesamtes für gewerbliche Wirtschaft und der Europäischen Gemeinschaften, veröffentlicht. Im nichtamtlichen Teil des Bundesanzeigers wird über die Sitzungen des Deutschen Bundestages und des Bundesrates berichtet. Der Bundesanzeiger, der also eine Fülle von Aufgaben erfüllt, die über die eines Verkündungsorgans im oben definierten Sinne hinausgehen, kann deshalb als die amtliche Publikation mit dem breitesten Informationsspektrum bezeichnet werden.

---

[1]) Die Veröffentlichungen der Deutschen Bundesbank im Bundesanzeiger haben — aus Rechtsgründen — nur deklaratorische Bedeutung. Dies ist im übrigen der Notwendigkeit der unverzüglichen Wirksamkeit währungspolitischer Entscheidungen adaequat. Daneben publiziert die Bundesbank ihre Bekanntmachungen und währungspolitisch bedeutsame Gesetze in ihren „Mitteilungen‘.

[2]) Alle öffentlichen Ausschreibungen des Bundes über Bauleistungen und sonstige Leistungen werden im „Bundes-Ausschreibungsblatt“ (BABl.) veröffentlicht. Vgl. Runderlaß des Bundesministers der Finanzen vom 14. 8. 1968, abgedruckt bei Vialon, Karl Friedrich ‚Haushaltsrecht“, 2. Aufl., Berlin u. Frankfurt a. M. 1959, § 46 RHO, Anm. 10.

3. Der Tarif- und Verkehrsanzeiger und das Verkehrsblatt

Im Tarif- und Verkehrsanzeiger der Eisenbahnen des öffentlichen Verkehrs im Bundesgebiet werden Eisenbahntarife verkündet. Das Verkehrsblatt ist Verkündungsblatt für

a) andere vom Bundesverkehrsministerium festgesetzte oder genehmigte Verkehrstarife,

b) die Tarife der Spedition und Lagerei,

c) die Abgabentarife der Schiffahrt,

d) Verordnungen der Wasser- und Schiffahrtsdirektionen.

II. Sonstige Veröffentlichungsblätter

Neben den oben aufgeführten Verkündungsblättern werden von einzelnen Bundesministerien Ministerial- bzw. Amtsblätter herausgegeben. Sie dienen der Veröffentlichung allgemeiner Verwaltungsvorschriften und anderer Verwaltungsanordnungen der beteiligten bzw. herausgebenden Bundesministerien, im Einzelfall beschränkt auf einzelne Verwaltungsbereiche dieser Ministerien. Ferner enthalten sie im Nachdruck aus den amtlichen Verkündungsblättern Gesetze und Rechtsverordnungen, die in das Fachgebiet des herausgebenden Ministeriums fallen.

Die Bundesregierung veröffentlicht zur Zeit folgende Ministerial- bzw. Amtsblätter.

Titel	**Herausgeber**
Gemeinsames Ministerialblatt	Bundesminister des Innern
Ministerialblatt des Bundesministers der Finanzen	Bundesminister der Finanzen
Bundessteuerblatt	Bundesminister der Finanzen
Bundeszollblatt	Bundesminister der Finanzen
Ministerialblatt des Bundesministers für Wirtschaft	Bundesminister für Wirtschaft
Ministerialblatt des Bundesministers für Ernährung, Landwirtschaft und Forsten	Bundesminister für Ernährung, Landwirtschaft und Forsten
Ministerialblatt des Bundesministers für Verteidigung	Bundesminister für Verteidigung

Amtsblatt des Bundesministers für das Post- und Fernmeldewesen	Bundesminister für das Post- und Fernmeldewesen
Bundesarbeitsblatt	Bundesminister für Arbeit und Sozialordnung

Das Gemeinsame Ministerialblatt veröffentlicht die Bekanntmachungen derjenigen Bundesministerien, die kein eigenes Ministerialblatt herausgeben. Als „sonstige Veröffentlichungen" werden im Gemeinsamen Ministerialblatt die Beschlüsse der Ständigen Konferenz der Kultusminister der Länder in der Bundesrepublik Deutschland publiziert.

Das oben als Verkündungsblatt aufgeführte „Verkehrsblatt" ist gleichzeitig Amtsblatt des Bundesministers für Verkehr.

Amtliche Publikationsorgane der Bundesländer

Es würde der Absicht dieses Beitrags, der an den wichtigsten Exempeln die Bedeutung amtlicher Publikationsorgane darlegen will, widersprechen, wenn nunmehr die einschlägigen Veröffentlichungen aller Bundesländer behandelt würden. Wir wollen deshalb an einem Beispiel, den Veröffentlichungen des Landes Hessen, die Gliederung und die Aufgaben der Publikationsorgane der Bundesländer darlegen.

Auch für die Bundesländer gilt die Unterteilung der amtlichen Publikationsorgane in Verkündungsblätter und sonstige Veröffentlichungsblätter.

I. Das Verkündungsblatt

Verkündungsblatt im Lande Hessen ist das Gesetz- und Verordnungsblatt (GVBl.). Das Gesetz- und Verordnungsblatt erscheint in zwei Teilen. Herausgeber des Teiles I ist der Hessische Ministerpräsident (Staatskanzlei), der Teil II wird vom Hessischen Minister der Justiz herausgegeben.

Im Teil I des Gesetz- und Verordnungsblattes (GVBl. I) werden verkündet

(a) alle Landesgesetze,

(b) Rechtsverordnungen der Landesregierung[1]),

(c) Rechtsverordnungen der Fachminister[1]),

(d) Bestimmungen (z. B. Erlasse, Richtlinien), die von der Landesregierung oder von Ministern über die sachliche Zuständigkeit staatlicher Behörden getroffen werden[2]),

(e) Bestimmungen (Rechtsverordnungen), durch welche die Zuständigkeiten von Gemeinden oder Landkreisen begründet oder geändert werden[2]),

(f) Anordnungen über die Festsetzung von Amtsbezeichnungen,

(g) Bekanntmachungen über das Inkrafttreten oder den Geltungsbereich internationaler Abkommen, von Staatsverträgen, Staatsabkommen usw., soweit sie das Land Hessen betreffen.

Teil II des Gesetz- und Verordnungsblattes (GVBl. II) ist eine Sammlung des fortgeltenden, bereinigten Hessischen Landesrechts, die nach Sachgebieten geordnet erscheint.

II. Sonstige Veröffentlichungsblätter

Die Hessische Landesregierung veröffentlicht zur Zeit folgende Ministerial- bzw. Amtsblätter:

Titel	Herausgeber
Staatsanzeiger für das Land Hessen	Hessischer Minister des Innern
Justiz-Ministerialblatt für Hessen	Hessischer Minister der Justiz
Amtsblatt des Hessischen Kultusministers	Hessischer Kultusminister

[1]) Vgl. § 101 Abs. 3 der Gemeinsamen Geschäftsordnung der Ministerien des Landes Hessen (GGO Hessen), von der Landesregierung beschlossen am 14. Juli 1964.

[2]) § 102 Abs. 1 GGO Hessen.

[3]) § 102 Abs. 2 GGO Hessen.

Der sprachliche Gleichklang darf darüber nicht hinwegtäuschen: Die Aufgaben des Staatsanzeigers für das Land Hessen entsprechen nur zu einem kleinen Teil denen des Bundesanzeigers. Der Staatsanzeiger ist im Gegensatz zum Bundesanzeiger nicht Verkündungsblatt im oben definierten Sinne. Im Staatsanzeiger werden Erlasse, Anordnungen und Bekanntmachungen oberster Landesbehörden veröffentlicht, die nicht im Gesetz- und Verordnungsblatt zu verkünden sind, jedoch der Bekanntgabe bedürfen. Ein größerer Teil seiner Aufgaben kann mit denen des o. a. „Gemeinsamen Ministerialblattes" der Bundesregierung verglichen werden. Die Entscheidungen des Staatsgerichtshofs des Landes Hessen werden im Staatsanzeiger im vollen Wortlaut abgedruckt.

Das Publikationsorgan der Europäischen Gemeinschaften

Publikationsorgan der Europäischen Gemeinschaften[1]) ist das „Amtsblatt der Europäischen Gemeinschaften", das in vier Ausgaben in deutscher, französischer, italienischer und niederländischer Sprache erscheint. Im Amtsblatt werden veröffentlicht:

(a) Verordnungen, Entscheidungen, Stellungnahmen sowie andere Beschlüsse allgemeinen Charakters der Gemeinschaften,

(b) die Urteile des Gerichtshofs der Europäischen Gemeinschaften,

(c) die Protokolle der Sitzungen des Europäischen Parlaments, die Antworten auf die schriftlichen Anfragen der Mitglieder des Europäischen Parlaments.

Für Fragen des europäischen Agrarmarkts (Abschöpfungen, Prämiensätze, cif- und Freigrenze-Preise) ist die Landwirtschaftsbeilage zum vorgenannten Amtsblatt von Bedeutung,

---

[1]) Europäische Wirtschaftsgemeinschaft, Europäische Gemeinschaft für Kohle und Stahl, Europäische Atomgemeinschaft. Ein von den beteiligten Staaten geschlossener Vertrag vom 8. April 1965 sieht die stufenweise Verschmelzung der drei Gemeinschaften vor.

die regelmäßig in einer gemeinsamen, viersprachigen Ausgabe erscheint.

Bundestagsdrucksachen

Parlamentsdrucksachen haben zunächst interne Bedeutung für die gesetzgebenden Körperschaften. Sie sind Hilfsmittel des Gesetzgebungsverfahrens. Sie erleichtern — um ein Beispiel zu nennen — das Verfahren im Parlament: Vor Abstimmungen brauchen Gesetzestexte nicht „vorgelesen", es kann auf die Nummern der Parlamentsdrucksache verwiesen werden. (Bundestagsdrucksachen werden mit einer römischen Zahl nach der Wahlperiode des Parlaments — 1969—1973: VI. Wahlperiode — und mit einer arabischen Zahl, die nach der Reihenfolge des Eingangs von Anträgen und Anfragen vergeben wird, numeriert.) Über die dargestellten internen Funktionen hinaus kommt den Parlamentsdrucksachen eine große allgemeine Bedeutung zu. Parlamentsdrucksachen unterrichten die Öffentlichkeit über jede Einzelheit des parlamentarischen Verfahrens. Indem sie die Absicht des Gesetzgebers erkennen lassen, sind sie wichtige Hilfsmittel für die Auslegung von Gesetzen (Gesetzesmaterialien)[1]).

Die Drucksachen des Deutschen Bundestages lassen sich in

Drucksachen im engeren Sinne und
Stenographische Berichte

unterscheiden.

Die Drucksachen im engeren Sinne behandeln Gegenstände der Tagesordnung: Sie enthalten Gesetzesvorlagen und deren Begründung, sie machen mit den Berichten der Bundestags-Ausschüsse und der Stellungnahme des Bundesrates zu den Gesetzentwürfen bekannt, und sie geben den Text von Anfragen an die Regierung wieder.

---

[1]) Vgl. dazu Schneider, Egon, „Logik für Juristen", Berlin und Frankfurt a. M. 1965, S. 318.

Die Stenographischen Berichte enthalten die Sitzungsprotokolle mit den Ausführungen aller Sprecher.

Bundestagsdrucksachen können durch den Verlag Dr. Hans Heger, Bonn-Bad Godesberg, Rheinallee 20, bezogen werden.

Dokumentation

I. Titel der Publikationen

Eine umfassende Dokumentation aller amtlichen Publikationen in der Bundesrepublik Deutschland bietet das Verzeichnis amtlicher Druckschriften, das als Teil der Deutschen Bibliographie im Verlag Buchhändler-Vereinigung GmbH in Frankfurt am Main erscheint. Es wird von der Deutschen Bibliothek herausgegeben und verzeichnet die „Veröffentlichungen der Behörden, Körperschaften, Anstalten und Stiftungen des öffentlichen Rechts sowie der wichtigsten halbamtlichen Institutionen in der Bundesrepublik Deutschland und Westberlin“ (Untertitel). Das Verzeichnis amtlicher Druckvorschriften weist Titel, Umfang, Erscheinungsjahr, Verlag und Bezugspreise der amtlichen Publikationen nach. Der Katalog der Veröffentlichungen der Europäischen Gemeinschaften, der in etwa dreijähriger Folge erscheint, ist ein Nachweis aller amtlichen Publikationen dieser Gemeinschaften. (Herausgeber: Veröffentlichungsdienste der Europäischen Gemeinschaften, Luxemburg und Brüssel.)

II. Rechtsmaterien

Eine nach Sachgebieten gegliederte Dokumentation des Bundesrechts (Gesetze und Rechtsverordnungen) enthalten die amtlichen Fundstellennachweise, die als Beilage zum Bundesgesetzblatt vom Bundesminister der Justiz herausgegeben werden. Auch für die in den Publikationsorganen der Bundesländer veröffentlichten Rechtsmaterien gibt es systematisch angelegte Fundstellenverzeichnisse. (Für Hessen z. B. Kissel-Best, „Recht und

Verwaltung in Hessen", Deutscher Fachschriften-Verlag, Wiesbaden-Dotzheim.)

Nicht zuletzt ist auf die Jahrgangs-Inhaltsverzeichnisse der amtlichen Publikationen zu verweisen, die in der Regel neben einer chronologischen Darstellung des Veröffentlichungsstoffes auch eine solche nach Sachgebieten enthalten.

III. Parlamentsdrucksachen

Der vom Archiv des nordrhein-westfälischen Landtags bearbeitete Parlamentsspiegel bietet eine nach Sachgebieten (Schlagwörtern) geordnete Dokumentation der Drucksachen des Europäischen Parlaments, des Deutschen Bundestages und der Landtage aller Bundesländer.

Neunter Teil

Statistik

„... Eine Untersuchung ist gelegentlich gleich einem Tennisspiel zwischen dem Ökonomen und dem Statistiker — selbst wenn beide ein und dieselbe Person sind — oder gleich einem Zwiegespräch, in dem jeder abwechselnd das Wort ergreift. Im allgemeinen wird eine Unternehmung mit der ökonomischen Analyse des Problems beginnen. In vielen Fällen wird dann eine statistische Prüfung der Theorie ... folgen. Nach der Prüfung ist dann oft Gelegenheit, mit Hilfe der Theorie weitere Schlüsse zu ziehen. Aber es ist natürlich auch möglich, daß die Theorie als Folge der statistischen Prüfung geändert werden muß. Die geänderte Theorie muß dann wiederum überprüft werden, bevor weitere Schlüsse gezogen werden können: Der Tennisball fliegt zum zweiten Mal hin und her."

Jan Tinbergen
Einführung in die Ökonometrie 1952

Begriff der Statistik

Der Begriff der Statistik ist mehrdeutig. Einmal verstehen wir unter Statistik eine (methodologische) Wissenschaft, zum anderen werden die Ergebnisse der Arbeit dieser Wissenschaft (Tabellen, Graphiken usw.) als Statistik bezeichnet.

Zum Verständnis der wissenschaftlichen Methoden der Statistik ist es zweckmäßig, diese in zwei Gruppen zu unterteilen:

— Die Gesamtheit aller Verfahren, die der zahlenmäßigen Erfassung von Massenerscheinungen dienen, gleichgültig, ob in diesen das Gesetz der großen Zahl wirksam ist oder nicht.

— Die stochastischen[1]) Verfahren zur Untersuchung von Massenerscheinungen, die auf der Wahrscheinlichkeitstheorie und damit auf dem Gesetz der großen Zahl[2]) beruhen. Diese Verfahren dienen der Erforschung sozialer Gesetz- und Regelmäßigkeiten. Ein Beispiel für eine soziale Gesetzmäßigkeit ist das sogenannte Engel-Schwabesche Gesetz, das die Beziehungen zwischen den Ausgaben für Nahrungsmittel und den Mietausgaben einerseits und der Höhe des Einkommens andererseits darstellt: Mit steigendem Einkommen nehmen die Ausgaben für Nahrungsmittel und Wohnung zwar absolut zu, ihr Anteil am Einkommen jedoch nimmt ab. Ein hervorragendes Anwendungsfeld finden stochastische Untersuchungsverfahren bei den in der Marktforschung verwandten Stichprobentechniken.

Bemerkungen zur Geschichte und Bedeutung der Statistik

Die Statistik hat eine alte Geschichte. Schon das Altertum kannte den Zensus, die Volkszählung, die über den Umfang, die Wehr- und Steuerkraft der Imperien informieren sollte. Nach einer Periode der Vernachlässigung der Statistik im Mittelalter war es der Absolutismus, der die Bedeutung der Statistik für die Staatsführung erkannte und sowohl der Wissenschaft von der Statistik als auch der modernen statistischen Praxis den Weg bereitete.

Das Wort Statistik (von lat. status = Zustand, später auch Staat) geht wohl auf den Göttinger Universitätsprofessor Gottfried Achen-

---

[1]) Das Wort Stochastik stammt aus dem Griechischen und läßt sich mit „Lehre von den Vermutungen" übersetzen.

[2]) Das Gesetz der großen Zahl (loi des grandes nombres) sagt aus, daß bei der Beobachtung von Massenerscheinungen Zufälligkeiten um so mehr zurücktreten und vorhandene Gesetzmäßigkeiten um so mehr hervortreten, je größer die Zahl der Beobachtungen ist. Schulbeispiel: Sexualproportion der Geborenen. Jacob Bernoulli (1654 bis 1705) hat dieses Gesetz zum ersten Mal formuliert.

wall zurück, der im Jahre 1748 seine Vorlesungen mit „notitia politica vulgo statistica“[1]) ankündigte.

Angesichts der Kompliziertheit unseres staatlichen und wirtschaftlichen Lebens braucht über die heutige Bedeutung der Statistik nicht viel gesagt zu werden. Gesamtwirtschaftliche Entscheidungen, die nicht auf gesicherten Daten beruhen, sind undenkbar geworden. Aber auch viele betriebswirtschaftliche Entscheidungen verlangen — besonders wenn sie sich auf die Märkte beziehen — eine Fundierung durch Fakten und wissenschaftlich einwandfreie Trendberechnungen.

Einer der jüngsten und zukunftsträchtigsten Zweige der Wirtschaftswissenschaft, die Ökonometrie, beruht auf der Synthese von Wirtschaftstheorie und hochentwickelten statistischen Verfahren. Die praktische Anwendung der betrieblichen Verfahrensforschung (Operations Research) setzt in vielen Fällen statistische Untersuchungen voraus.

Der Umgang mit Statistiken

Der Betriebswirt muß nicht nur Grundkenntnisse der statistischen Methoden besitzen, er muß vor allem in der Lage sein, sich die Ergebnisse der statistischen Arbeit zunutze zu machen. Oft ersetzt nämlich das Studium und die Auswertung vorhandener Statistiken (desk research) zeitraubende und kostspielige eigene Erhebungen (field research). Beim Umfang mit statistischen Daten muß er das folgende beachten:

Die Definition der statistischen Gruppenbezeichnungen, die den Zahlenwerken häufig beigegeben[2]) oder der erläuternden Literatur zu entnehmen sind[3]), müssen beachtet werden.

---

[1]) Zu Deutsch: „Mitteilungen politischer Art, die gemeinhin auch als statistische Mitteilungen bezeichnet werden“.

[2]) In der Form von Fußnoten, als Vorbemerkungen oder als Anhang.

[3]) Vgl. z. B. Esenwein-Rothe, Ingeborg, „Wirtschaftsstatistik“, Wiesbaden 1962.

So unterscheidet die amtliche Statistik der Löhne und Gehälter bei den Arbeitern beispielsweise zwischen „geleisteten Wochenarbeitsstunden" und „bezahlten Wochenstunden". Geleistete Wochenarbeitsstunden sind die vom Arbeiter tatsächlich am Arbeitsplatz geleisteten Stunden. „Dies sind in der Regel die hinter der Stechuhr (d. h. innerhalb der Arbeitsstätte bzw. auf der Arbeitsstelle) verbrachten Zeiten, abzüglich allgemein betrieblich festgesetzter Ruhepausen (wie Mittagszeit, Frühstückspause)."[1]). Bezahlte Wochenstunden sind die der Lohnberechnung zugrunde gelegten Stunden. Sie umfassen außer den geleisteten Wochenarbeitsstunden auch noch die bezahlten Ausfallstunden, z. B. gesetzliche Feiertage, bezahlter Urlaub, bezahlte Arbeitspausen, bezahlte Freizeit (Arztbesuche, Betriebsversammlungen usw.). Es leuchtet ein, daß nur die exakte Kenntnis der Definitionen dieser Gruppenbezeichnungen den Interpreten vor gravierenden Fehlschlüssen zu bewahren vermag.

Ebenso müssen den Zahlenwerken beigegebene methodische Hinweise beachtet werden.

Für die Auswertung einer Statistik ist es z. B. erheblich zu wissen, ob diese auf primär- oder sekundärstatistischem Material beruht[2]), ob es sich um eine Voll- oder eine Teilerhebung handelt und zu welchem Zeitpunkt bzw. innerhalb welchen Zeitraums die Erhebung durchgeführt wurde.

Organisation der Statistik in der Bundesrepublik

Die praktische Arbeit auf dem Gebiet der Statistik in der Bundesrepublik Deutschland läßt sich in amtliche Statistik und private Statistik unterteilen.

---

[1]) Statistisches Jahrbuch für die Bundesrepublik Deutschland 1967, Stuttgart und Mainz 1967, S. 475.

[2]) Primärstatistisches Material ist solches, das durch eine besondere Erhebung beschafft wird. Sekundärstatistisches Material dient zunächst anderen Zwecken und wird daneben auch für Statistiken verwandt (Beispiel: Polizeiliche Zu- u. Abmeldungen).

Unter amtlicher Statistik verstehen wir dabei alle die statistischen Arbeiten, die von Gebietskörperschaften (Bund, Ländern und Gemeinden) oder anderen öffentlich-rechtlichen Trägern mit gesamtstaatlichen Aufgaben durchgeführt werden. Ein Kennzeichen der amtlichen Statistik ist, daß sie — wenn sie in die Rechtssphäre privater Personen eingreift — der gesetzlichen Grundlage bedarf. (Vgl. z. B. § 6 in Verbindung mit § 8 des Gesetzes über die Statistik für Bundeszwecke vom 3. 9. 1953 — BGBl. I, S. 1314.) Die amtliche Statistik ist andererseits in der Lage, die Beantwortung ihrer Fragen mit Zwangsmitteln durchzusetzen.

Die übrige statistische Tätigkeit wird in der Literatur als private Statistik bezeichnet. Diese Kennzeichnung entbehrt der juristischen Schärfe, weil zur privaten Statistik in diesem durch Umkehrschluß ermittelten Sinn auch die Statistik von Körperschaften des öffentlichen Rechts mit regionalem Wirkungskreis (z. B. der Industrie- und Handelskammern) verstanden wird.

Die amtliche Statistik in der Bundesrepublik ist durch eine weitgehende Zentralisierung bei statistischen Sonderbehörden (Statistisches Bundesamt, statistische Landesämter, statistische Ämter der Städte) gekennzeichnet. Die einzelnen Verwaltungsressorts führen eigene statistische Arbeiten (Geschäftsstatistiken gemäß § 9 des Gesetzes über die Statistik für Bundeszwecke) nur noch in verhältnismäßig bescheidenem Umfang durch. Die Ausgliederung (Auslösung) der Statistik aus den Verwaltungsressorts dient der Rationalisierung und der Einheitlichkeit von Definitionen und Klassifikationen in gleichem Maße. Die aus den Verwaltungsressorts (her-)ausgelöste, bei statistischen Ämtern zentralisierte Statistik wird in der Fachliteratur — mißverständlich — als ausgelöste Statistik, die bei den Ressorts verbliebene als nicht ausgelöste Statistik bezeichnet; eine Nomenklatur, die besonders bei der Einteilung des statistischen Schrifttums verwandt wird.

Die amtliche Statistik wird, entsprechend dem Verwaltungsaufbau der Bundesrepublik, auf drei Ebenen durchgeführt:

— Bundesstatistik

Statistische Zentralbehörde des Bundes ist das Statistische Bundesamt, das als selbständige Bundesoberbehörde zum Geschäftsbereich des Bundesministers des Innern gehört. Von den Geschäftsstatistiken auf Bundesebene, die außerhalb des Statistischen Bundesamtes geführt werden, sollen als wirtschaftlich relevante Beispiele genannt werden:

Kassenmäßige Einnahmen aus Bundes- und Landessteuern (Bundesminister der Finanzen).

Statistik des Arbeitsmarktes (Bundesanstalt für Arbeit).

Statistik des Kreditwesens, des Geld- und Kapitalmarktes, des nationalen und des internationalen Zahlungsverkehrs (Deutsche Bundesbank).

— Landesstatistik

Träger der Landesstatistik sind die statistischen Landesämter. Diese wirken — wie auch die städtischen statistischen Ämter — bei der Aufstellung der Bundesstatistiken mit.

— Städtestatistik

Träger der Städtestatistik sind statistische Ämter, die in allen Groß- und in vielen Mittelstädten bestehen.

Den Umfang der privaten Statistik haben wir oben skizziert. Zur privaten Statistik gehört auch die innerbetriebliche Statistik, die für die Unternehmensleitungen zum Zweck der Kontrolle und Planung ihrer Entscheidungen von außerordentlicher Bedeutung ist. Sie muß jedoch hier außer Betracht bleiben, da ihre Ergebnisse in der Regel nicht publiziert werden.

Träger der externen privaten Statistik sind in der Hauptsache Industrie- und Handelskammern, Handwerkskammern, Verbände, Markt- und Meinungsforschungsinstitute und auch einzelne Unternehmen. Es leuchtet ein, daß die externe private Statistik über außerordentlich wertvolle Einzelinformationen verfügt, die in solcher Detaillierung in der amtlichen Statistik nicht zu finden sind.

Der Student sollte deshalb — besonders wenn er sich der Untersuchung branchenspezifischer Probleme widmet — die Ergebnisse der privaten Statistik zu Hilfe nehmen.

Internationale Statistik

Wir stehen vor dem Faktum einer ständig inniger werdenden internationalen Verflechtung der Nationalwirtschaften; wir leben in einer Zeit wachsender Märkte und umfassender Bündnisse. Es nimmt deshalb nicht wunder, daß das Bedürfnis nach einheitlich aufgebauten und damit international vergleichbaren statistischen Daten groß ist. Träger der internationalen[1]) statistischen Arbeit sind vornehmlich die großen internationalen Organisationen, z. B. die Vereinten Nationen, die Internationale Arbeitsorganisation, die Weltbank, die Internationale Bank für Wiederaufbau und Entwicklung und der Internationale Währungsfonds.

Statistische Veröffentlichungen

Bei der Betrachtung der statistischen Veröffentlichungen wollen wir uns auf diejenigen beschränken, die ausschließlich oder in der Hauptsache der Publikation der Ergebnisse statistischer Arbeit dienen. Dabei ist es sinnvoll, die Gliederung in amtliche, private und internationale Statistik beizubehalten.

Publikationen der amtlichen Statistik

Bei den Publikationen der amtlichen Statistik wollen wir zwischen ausgelöster und nicht ausgelöster Statistik unterscheiden.

Die (überaus zahlreichen) Publikationen der ausgelösten Statistik sollen in

[1]) Von der „internationalen Statistik" ist die amtliche Statistik ausländischer Staaten zu unterscheiden, auf die wir hier nicht eingehen wollen.

a) Sammelwerke,

b) Zeitschriften,

c) Einzelveröffentlichungen

unterteilt werden.

a) Sammelwerke

Bei den Sammelwerken sind vor allem die Statistischen Jahrbücher zu erwähnen, die von den wichtigsten Trägern der (ausgelösten) amtlichen Statistik herausgegeben werden und einen Überblick über die wichtigsten Daten nach dem jeweils neuesten Stand bieten sollen. Als Beispiele sollen die folgenden Publikationen herangezogen werden:

> das Statistische Jahrbuch für die Bundesrepublik Deutschland, hrsg. vom Statistischen Bundesamt in Wiesbaden, (erscheint jährlich),
>
> die Statistischen Jahrbücher der einzelnen Bundesländer, hrsg. von den Statistischen Landesämtern,
>
> das Statistische Jahrbuch deutscher Gemeinden, hrsg. vom Deutschen Städtetag (erscheint jährlich).

In Sammelwerken erscheinen auch Sonderuntersuchungen umfassenden Inhalts, etwa die vom Hessischen Statistischen Landesamt herausgegebene Untersuchung „Hessen im Wandel der letzten hundert Jahre 1860—1960“, eine Fundgrube der Wirtschaftsgeschichte; andere statistische Ämter veröffentlichen ähnliches Material.

b) Zeitschriften

In unserer schnellebigen Zeit bedürfen statistische Daten der raschen Publikation. Nahezu alle statistischen Ämter veröffentlichen deshalb Zeitschriften und Zahlendienste, die dem Zweck der schnellen Information dienen. Als Beispiele seien genannt:

> „Wirtschaft und Statistik“, die Zeitschrift des Statistischen Bundesamtes, die sich neben der Information über Ergebnisse der Statistik auch Fragen der statistischen Methodik und Erhebungstechnik widmet.

der vom Statistischen Bundesamt herausgegebene „Statistische Wochendienst",

die Zeitschriften der einzelnen Statistischen Landesämter.

c) Einzelveröffentlichungen

Unter statistischen Einzelveröffentlichungen wollen wir diejenigen regelmäßig oder fallweise erscheinenden Publikationen verstehen, welche statistische Daten zu Einzelbereichen unserer Gesellschaft enthalten. Man könnte sie auch als statistische Monographien bezeichnen. Aus der nahezu unübersehbaren Fülle des Materials sei zur Veranschaulichung eine Publikation hervorgehoben: „Die Abschlüsse der Aktiengesellschaften", Fachserie C, Reihe 2 (Kennziffer 220210) der Veröffentlichungen des Statistischen Bundesamtes.

Die Ergebnisse der nichtausgelösten amtlichen Statistik sind — wegen des beschränkten Umfangs dieser statistischen Tätigkeit — leichter übersehbar. Gleichwohl sind sie für den Betriebswirt von besonderem Interesse. Beispielhaft zu erwähnen sind hier die

Monatsberichte der Deutschen Bundesbank

Neben Aufsätzen zur Konjunkturlage[1]) enthalten diese Berichte einen umfangreichen statistischen Teil. Als Ergänzung veröffentlicht die Bundesbank Statistische Beihefte zu den Monatsberichten der Deutschen Bundesbank in den folgenden vier Reihen:

Reihe 1: Bankenstatistik nach Bankengruppen,

Reihe 2: Wertpapierstatistik,

Reihe 3: Zahlungsbilanzstatistik,

Reihe 4: Saisonbereinigte Wirtschaftszahlen.

---

[1]) Vgl. dazu die Ausführungen auf S. 69.

Publikationen der privaten Statistik

Unter den Publikationen der privaten Statistik überwiegt die Form der Sammelwerke (Jahrbücher). Um eine konkrete Vorstellung von diesem Bereich statistischer Arbeit zu vermitteln, seien die folgenden Beispiele angeführt:

„Statistisches Handbuch für den Maschinenbau", herausgegeben vom Verein Deutscher Maschinenbau-Anstalten (VDMA) in Frankfurt am Main,

„Buch und Buchhandel in Zahlen", jährlich herausgegeben vom Börsenverein des Deutschen Buchhandels in Frankfurt a. M.,

„Metallstatistik", eine umfassende Darstellung der Produktion, des Verbrauchs, der Preisentwicklung und des Handels auf dem Gebiet der NE-Metalle, herausgegeben von der Metallgesellschaft AG in Frankfurt am Main.

Publikationen der internationalen Statistik

Die Formen der Publikationen der internationalen Statistik entsprechen denen, die oben für die deutsche (ausgelöste) amtliche Statistik dargestellt wurde. Die Vereinten Nationen zum Beispiel publizieren u. a. ein „Statistical Yearbook" (Sammelwerk), ein „Monthly Bulletin of Statistics" (Zeitschrift) und die „Statistics of National Income and Expenditure" (Einzelveröffentlichung). Für Zwecke des Studiums genügen oft die Internationalen Übersichten, die jährlich dem Statistischen Jahrbuch der Bundesrepublik Deutschland beigefügt sind.

Dokumentation

Die zuverlässigsten Fundstellen auf dem Gebiet der amtlichen Statistik sind die V e r z e i c h n i s s e d e r V e r ö f f e n t l i c h u n g e n der einzelnen statistischen Ämter[1]).

[1]) Beispiel: „Verzeichnis der Veröffentlichungen des Statistischen Bundesamtes", hrsg. vom Statistischen Bundesamt, Stuttgart 1969.

Auch die Quellenverzeichnisse der statistischen Jahrbücher und andere versteckte Bibliographien geben wertvolle Hinweise.

Schließlich sei darauf verwiesen, daß nach allgemeiner Erfahrung die Statistischen Ämter in der Bundesrepublik bereitwillig und zuverlässig Auskünfte erteilen und daß diese Auskünfte sich oft auch auf die diesen Ämtern bekannten Ergebnisse der privaten Statistik erstrecken.

Zehnter Teil

Bibliotheken

In einem Lande, das durch eigene Forschungen an der wissenschaftlichen Entwicklung mitwirken will, muß ein leistungsfähiges Bibliothekswesen dafür sorgen, daß jede wichtige Veröffentlichung schnell greifbar ist. Die Bedeutung, die die Literatur als Arbeitsinstrument hat, ist zwar in den einzelnen Fächern verschieden, doch bilden zureichend ausgestattete Bibliotheken überall eine unmittelbare und unabdingbare Voraussetzung für Forschung, Lehre, Studium und wissenschaftliche Berufsarbeit. Der Ausbau der Bibliotheken muß also mit dem anderer wissenschaftlicher Einrichtungen Schritt halten, wenn die wissenschaftliche Arbeit nicht behindert werden soll.

Empfehlungen des Wissenschaftsrates zum Ausbau der wissenschaftlichen Einrichtungen, Teil II: Wissenschaftliche Bibliotheken, 1964

Das Wort Bibliothek (von biblion = Buch, thekè Behältnis) stammt aus dem Griechischen und bezeichnete, dem Wortstamm entsprechend, zunächst nur den Aufbewahrungsort der Bücher. Später wurde es auch zur Bezeichnung der gesammelten Bücher selbst verwandt. Mit dieser zweifachen Bedeutung wird das Wort Bibliothek noch heute gebraucht.

Die Abgrenzung des Begriffs der Bibliothek von dem des Archivs bereitet in der Praxis zuweilen Schwierigkeiten. Beides sind Sammlungen, die sich nach der Art des gesammelten Gutes unterscheiden. In Bibliotheken werden Erzeugnisse der Buchproduktion gesammelt, in Archiven (von lat. archium oder archivum = Urkundensammlung) werden Akten, Urkunden, Korrespondenz, Amtsbücher, auch Zeitungsausschnitte und Ton- bzw. Bildträger aufbewahrt[1]).

Die Grenzziehung ist besonders bei der Verwaltung literarischer Nachlässe oft nicht einfach.

Arten der Bibliotheken

Auch beim Versuch einer Klassifikation der Bibliotheken stoßen wir auf die Schwierigkeit, der wir bei der Einteilung der Fachbücher und der Fachzeitschriften bereits begegnet sind und die in dem Zwang besteht, die Vielfalt der Praxis in starre Schemata einordnen zu müssen.

Eine solche Einteilung ist jedoch nicht nur zum Zweck der wissenschaftlichen Durchdringung eines Sachverhaltes unerläßlich; im Fall der Bibliotheken hat sie auch erhebliche praktische Bedeutung: jeder Student sollte über die wesentlichen Eigenschaften der von ihm benutzten Bibliothek (Sammelbereich, Zugänglichkeit, Art der Benutzung) unterrichtet sein.

Einteilung nach dem Sammelbereich

Nach dem Sammelbereich werden die Bibliotheken unterteilt in

a) wissenschaftliche Bibliotheken,
die sich der Fachliteratur widmen und

b) in solche Bibliotheken,
die in der Hauptsache Werke der Belletristik und populärwissenschaftliche Literatur sammeln.

---

[1]) Das vom Verein deutscher Archivare herausgegebene „Verzeichnis deutscher Archivare", 10. Ausgabe, Wiesbaden 1968, unterscheidet (auf S. I) folgende Archive: 1. Staatliche Archive, 2. Stadtarchive und Archive von Gebietskörperschaften, 3. Kirchenarchive, 4. Adelsarchive, 5. Werks- und Wirtschaftsarchive, 7. Presse-, Rundfunk- und Filmarchive, 8. Universitätsarchive.

Die wissenschaftlichen Bibliotheken werden wiederum in Allgemein- oder Universalbibliotheken und in Fachbibliotheken unterschieden.

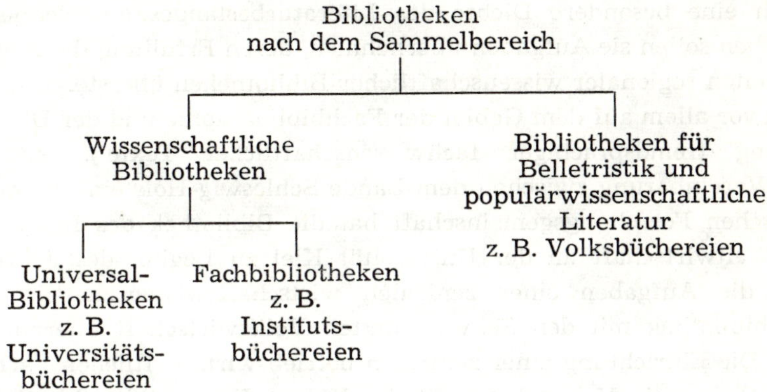

Wissenschaftliche Allgemein- oder Universalbibliotheken

sind Einrichtungen, deren Sammelbereich sich auf alle Wissenschaften oder zumindest auf eine große Zahl von Wissenschaften erstreckt. Daß dieses Sammeln bei den meisten dieser Bibliotheken nicht zu lückenlosen Beständen führen kann, liegt auf der Hand. Am vollständigsten ist es zweifelsfrei bei den „Nationalbibliotheken" — in der Bundesrepublik die Deutsche Bibliothek — vor allem, wenn die Verleger des betreffenden Landes zur Ablieferung eines Pflichtstücks jeder Publikation verpflichtet sind. Zu den wissenschaftlichen Allgemein- oder Universalbibliotheken, zählen u. a. die Universitätsbibliotheken, die in vielen Bundesländern vorhandenen Landesbibliotheken und wissenschaftliche Büchereien großer Städte.

Fachbibliotheken

beschränken sich in ihrer Sammeltätigkeit auf das Schrifttum einer Wissenschaft oder weniger verwandter Wissenschaften. Zu den Fachbibliotheken gehören beispielsweise die Fakultäts- oder Institutsbibliotheken an den Universitäten, die Bibliotheken von Unternehmen und Wirtschaftsverbänden.

In der Bundesrepublik werden zur Zeit zentrale Fachbibliotheken für eine Reihe bedeutender wissenschaftlicher Disziplinen aufgebaut. Diese zentralen Fachbibliotheken sollen sich durch eine besondere Dichte des Literaturbestandes auszeichnen. Daneben sollen sie Aufgaben übernehmen, deren Erfüllung die Möglichkeiten regionaler wissenschaftlicher Bibliotheken übersteigt, und zwar vor allem auf dem Gebiet der Fachbibliographie und der Übersetzung fremdsprachiger fachwissenschaftlicher Texte[1]). Durch eine Vereinbarung zwischen dem Lande Schleswig-Holstein und der deutschen Forschungsgemeinschaft hat die Bibliothek des Instituts für Weltwirtschaft an der Universität Kiel zu Beginn des Jahres 1966 die Aufgaben einer zentralen wirtschaftswissenschaftlichen Fachbibliothek mit den Schwerpunkten Volkswirtschaft übernommen. Die Einrichtung einer zentralen betriebswirtschaftlichen Fachbibliothek — in Verbindung mit der Kölner Universitätsbibliothek — ist geplant.

Einteilung nach dem Träger

Bibliotheken können öffentlich-rechtliche oder privatrechtliche Träger haben.

Von den öffentlich-rechtlichen Trägern seien hier der Bund, die Länder, die Städte, die Kirchen und die Kammern erwähnt.

Der Bund ist Träger der Deutschen Bibliothek in Frankfurt a. M. Die Deutsche Bibliothek ist die Nationalbibliothek der Bundesrepublik Deutschland[2]). Nach § 2 Abs. 1 des Gesetzes über

---

[1]) Vgl. dazu Oertel, Dieter, „Der Aufbau zentraler Fachbibliotheken in der Bundesrepublik Deutschland". in: Zeitschrift für Bibliothekswesen und Bibliographie, 13. Jg., Frankfurt a. M. 1966, S. 322—330.

[2]) Im Jahre 1912 wurde auf Initiative des Deutschen Buchhandels die Deutsche Bücherei in Leipzig als Nationalbibliothek gegründet. Die Deutsche Bücherei sammelt heute das gesamte in der Deutschen Demokratischen Republik erscheinende Schrifttum, das sie in der „Deutschen Nationalbiographie" erfaßt.

die Deutsche Bibliothek vom 31. März 1969 (BGBl. I, S. 265) hat diese Bibliothek u. a. die Aufgabe

1. die nach dem 8. Mai 1945 in Deutschland verlegten Druckwerke,
2. die nach dem 8. Mai 1945 im Ausland verlegten oder hergestellten deutschsprachigen Druckwerke, die Übersetzungen deutscher Druckwerke in andere Sprachen und die fremdsprachigen Druckwerke über Deutschland,
3. die zwischen 1933 und 1945 von deutschsprachigen Emigranten verfaßten oder veröffentlichten Druckwerke

zu sammeln, zu inventarisieren und bibliographisch zu verzeichnen. Zu diesem Zweck ist von jedem Druckwerk, das in der Bundesrepublik Deutschland oder in West-Berlin verlegt wird, ein Exemplar (Pflichtstück) an die Deutsche Bibliothek abzuliefern.

Der Bund ist außerdem Träger einer Reihe von Fachbibliotheken. Als Beispiele seien hier die Bibliothek des Deutschen Bundestages, die Bibliotheken der Bundesgerichte und die Bibliothek des Statistischen Bundesamtes erwähnt.

Kraft ihrer verfassungsrechtlichen Zuständigkeit sind die Länder Träger der Universitätsbibliotheken. Auch in einigen Städten, die nicht Sitz von Universitäten sind, unterhalten die Bundesländer wissenschaftliche Landesbibliotheken, die zuweilen die Tradition alter Bibliotheken fortführen. Aus dem Bereich des Landes Hessen sind als Beispiele die Landesbibliotheken in Fulda und Wiesbaden anzuführen.

Nur einzelne Städte unterhalten wissenschaftliche Bibliotheken. Der Schwerpunkt ihrer bibliothekarischen Tätigkeit liegt auf dem Gebiet der Volksbüchereien.

Eine lange Tradition verbindet die Kirchen mit dem Bibliothekswesen. Diese Tradition wird zum Teil in den Bibliotheken der Landeskirchen und Diözesen, in Seminar- und Klosterbibliotheken fortgeführt.

Eine wichtige Fundgrube für Studenten und Wirtschaftspraktiker bilden die Fachbüchereien der Industrie- und Handelskammern und der Handwerkskammern.

Unter den privatrechtlichen Trägern von Bibliotheken seien hier Unternehmen und Wirtschaftsverbände hervorgehoben. Diese sind Träger — teilweise hervorragend ausgestatteter — Fachbibliotheken. Als Beispiele für Unternehmensbibliotheken seien die Friedrich-Krupp-Fachbücherei in Essen und die Kekulébibliothek der Farbenfabriken Bayer AG in Leverkusen erwähnt. Zwei bekannte von Verbänden getragene Bibliotheken sind die Bücherei des Vereins Deutscher Eisenhüttenleute in Düsseldorf und die Bibliothek des Freien Deutschen Hochstifts in Frankfurt a. M.

Einteilung nach der Zugänglichkeit für Benutzer

Nach der Zugänglichkeit der Bibliotheken für Benutzer, die in der bibliothekswissenschaftlichen Literatur zum Zweck der Abgrenzung von der „öffentlichen" (öffentlich-rechtlichen) Trägerschaft als Gebrauchsöffentlichkeit bezeichnet wird, unterscheiden wir öffentliche und nichtöffentliche Bibliotheken. Hier interessieren nur die öffentlichen Bibliotheken. Diese sind in uneingeschränkt öffentliche und eingeschränkt öffentliche zu unterscheiden.

Als uneingeschränkt öffentlich sind diejenigen Bibliotheken zu bezeichnen, die jedermann zur Benutzung offenstehen, gegebenenfalls unter der Voraussetzung, daß bestimmte persönliche Voraussetzungen (Mindestalter, Eintreten eines volljährigen Bürgen bei Minderjährigen) erfüllt sind.

Eingeschränkt öffentlich sind jene Bibliotheken, die ihre Buchbestände nur bestimmten Personenkreisen (Werks- oder Universitätsangehörigen, Abgeordneten) zur Verfügung stellen.

Eine Fülle von Ausnahmeregelungen verwischt in der Praxis die Grenze zwischen dem Prinzip der uneingeschränkten und der eingeschränkten Öffentlichkeit

Einteilung nach der Art der Benutzung

Nach der Art der Benutzung sind Präsenzbibliotheken und Ausleihbibliotheken zu unterscheiden.

Bibliotheken mit Präsenzcharakter stellen ihre Bücher ausschließlich innerhalb des Hauses (in einem Lesesaal) zur Verfügung. Eine Entleihe zur Benutzung außerhalb des Bibliotheksgebäudes findet bei ihnen — im Gegensatz zu den Ausleihbibliotheken — nicht statt.

Auch hier sind die Grenzen nicht immer scharf gezogen. Auch bei Ausleihbibliotheken kann — aus mannigfachen Gründen — die Ausleihe für einen Teil der Bestände gesperrt sein.

Verzeichnisse der Bibliotheken

Interessenten finden die Anschriften der öffentlichen deutschen Bibliotheken und Angaben über ihren Gesamtbestand, die Benutzungsart und Öffnungszeiten im „Jahrbuch der Deutschen Bibliotheken“, das vom Verein Deutscher Bibliothekare herausgegeben wird und im zweijährigen Turnus im Verlag Otto Harrassowitz in Wiesbaden erscheint (42. Ausgabe 1968).

Die Anschriften aller öffentlichen Bibliotheken in Europa sind im „Europäischen Bibliotheks-Adreßbuch“ (München-Pullach 1968) verzeichnet.

Begriff und Aufgabe der Bibliothekskataloge

Ein Bibliothekskatalog (von grch. katalegein = aufzählen) ist ein — nach einem bestimmten Ordnungsprinzip angelegtes — Verzeichnis der literarischen Werke, die in einer Bibliothek oder in einer Mehrzahl von Bibliotheken aufbewahrt werden.

Es erscheint notwendig, den Begriff des Bibliothekskatalogs von dem der Bibliographie[1]) abzugrenzen. Zwei der Unterscheidungsmerkmale sollen dabei hervorgehoben werden: Kataloge beziehen sich auf eine technisch begrenzte Sammlung von Büchern (den Bestand einer

[1]) Vgl. dazu die Ausführungen auf S. 53.

oder mehrerer Bibliotheken), Bibliographien kennen diese Begrenzung nicht. Kataloge verzeichnen nur die Werke als Gesamtheit, nicht ihre einzelnen unselbständigen Teile. Kataloge verzeichnen z. B. nicht Titel und Verfasser eines Aufsatzes in einer Fachzeitschrift, wie es bei einer Bibliographie des Zeitschrifteninhaltes der Fall ist.

Die Grenzen sind — wie es im Bereich der durch Menschen geschaffenen Sachverhalte nicht anders erwartet werden kann — flüssig. Zentralkataloge, welche die Bestände mehrerer wissenschaftlicher Bibliotheken einer Region umfassen und für den unten erörterten Fernleihverkehr von besonderer Bedeutung sind, nähern sich der Bibliographie. Die Drucklegung eines systematischen Katalogs muß zuweilen eine (fehlende) Bibliographie ersetzen.

Aufgabe der Kataloge ist es, den Bestand der Bibliotheken für die — mit verschiedener Zielrichtung suchenden — Benutzer aufzuschließen. Eine Bibliothek ohne Katalog ist lediglich ein Lagerhaus für Bücher. Es liegt nahe, daß der Betriebswirt eine solche Bibliothek mit einer Geschäftsbuchhaltung ohne Kontenplan vergleicht.

Arten der Bibliothekskataloge

Auch die Kataloge lassen sich nach verschiedenen Gesichtspunkten unterteilen.

Nach der äußeren Form unterscheidet man Bandkataloge (Buchkataloge) und Zettelkataloge. In den deutschen Bibliotheken überwiegt der Zettelkatalog, nicht zuletzt weil seine Ergänzung und Umgruppierung keine technischen Schwierigkeiten bereitet.

Nach dem Umfang unterscheiden wir Hauptkataloge (Generalkataloge) und Spezialkataloge. Spezialkataloge umfassen nur einen Teil des Bibliotheksbestandes, zum Beispiel Dissertationen, die Titel der Handbibliothek in einem Lesesaal, Zeitschriften, Werke einer bestimmten wissenschaftlichen Disziplin.

Nach der Aktualität lassen sich die Kataloge in abgeschlossene und laufend ergänzte unterscheiden. Der Abschluß eines Katalogs und der Beginn eines neuen, der die Neuerwerbungen aufnimmt, kann die Erhaltung der Übersichtlichkeit der Bücherverzeichnisse zum Ziel haben. Er könnte beispielsweise auch notwendig werden, wenn die der Katalogisierung zugrunde liegenden „Instruktionen" geändert werden.

Nach den Funktionen — besonders nach der Aussagefähigkeit für Bibliotheksbenutzer — unterscheiden wir alphabetische Kataloge und Sachkataloge.

Der alphabetische Katalog ist ein Katalog, der die Bestände einer Bibliothek nach den in alphabetischer Folge geordneten Verfassern und bei den Schriften ohne Verfasserangabe (anonyme Schriften) nach dem ersten Wort des Titels[1]) enthält (Cataloque alphabétique par auteurs et par titres anonymes). Die Bezeichnung als alphabetischer Katalog ist insofern mißverständlich, als auch der unten behandelte Schlagwortkatalog alphabetisch geordnet ist.

Die Sachkataloge gliedern sich in systematische Kataloge und Schlagwortkataloge.

Als systematischer Katalog wird ein Katalog bezeichnet, der die Bestände einer Bibliothek nach einem Klassifikationsschema verzeichnet, welches in einer Gruppierung nach den Regeln der Dezimalklassifikation die einzelnen wissenschaftlichen Disziplinen und ihre Teilbereiche nachzeichnet. Die Kenntnis der Bezeichnung der einschlägigen kleinsten Gruppe dieses Klassifikationsschemas ist unerläßliche Voraussetzung der Literatursuche in einem systematischen Katalog.

Der Schlagwortkatalog ist ein Katalog, in den die Bücher nach Schlagworten, die sich nach dem Inhalt der Bücher richten, ein-

[1]) Dieser Aussage liegt eine moderne, computerfähige Kataloginstruktion, das Prinzip der mechanischen Wortfolge, zugrunde. Danach ist das erste Wort des Titels — mit Ausnahme der Artikel und Zahlwörter für die Einordnung maßgebend. Ausnahmen gelten für — im Bereich der Fachbücher kaum vorhandene — Satztitel (z. B. „Und die Bibel hat doch recht".).

geordnet werden. Ein Buch kann gegebenenfalls unter zwei oder mehr Schlagworten rubriziert werden. Diese Schlagworte sind im Katalog — ohne Rücksicht auf eine wissenschaftliche Systematik — alphabetisch geordnet[1]). Der Verzicht auf eine wissenschaftliche Systematik macht den Schlagwortkatalog zum geeigneten Sachkatalog für den Studienanfänger. Der Schlagwortkatalog ist überdies durch die Bibliotheken leichter zu handhaben als der systematische Katalog, da das dem letzteren zugrunde liegende Klassifikationsschema durch die schnelle Entwicklung der Wissenschaft bisweilen geändert werden muß.

Die folgende Übersicht soll die Aussagemöglichkeiten des alphabetischen Katalogs und der Sachkataloge verdeutlichen:

Einteilung der Kataloge nach ihrer Funktion

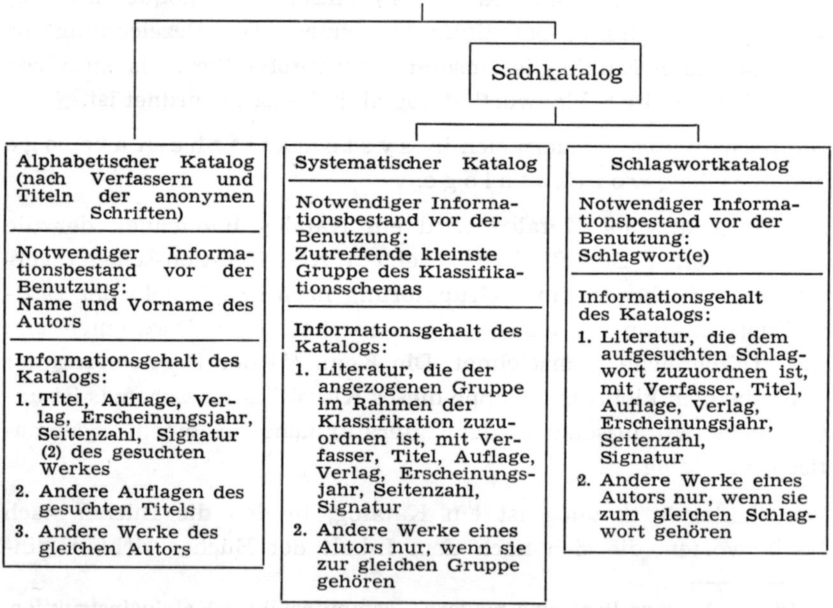

[1]) Innerhalb eines Schlagwortes sind die Werke in der Regel alphabetisch nach dem Verfasser und dem Titel der anonymen Schriften geordnet.

[2]) Signatur (von lat. signare = kennzeichnen) ist die Ordnungsnummer eines Buches in einer Bibliothek.

Sonderfragen der Bibliotheksbenutzung

Auf die allgemeinen Fragen der Bibliotheksbenutzung soll hier nicht eingegangen werden. Sie sind in den Benutzungsordnungen der einzelnen Bibliotheken niedergelegt. Lediglich zwei Sonderprobleme seien hier behandelt.

Wer ein Buch in einer Bibliothek seines Studienortes nicht findet, kann versuchen, es von einer auswärtigen Bibliothek auf dem Weg der Fernleihe zu erhalten. Dabei unterscheidet man die (seltene) direkte Verleihung von einer auswärtigen Bibliothek an den Benutzer und den Leihverkehr. Beim Leihverkehr ist eine Bibliothek auf der Bestellerseite eingeschaltet. Er richtet sich im übrigen nach der Leihverkehrsordnung vom 30. November 1965[1]). Über die Zulassung (wissenschaftlicher) Bibliotheken zum Leihverkehr entscheiden die Kultusminister der Bundesländer. In der Regel ist je eine wissenschaftliche Bibliothek jeder Universitätsstadt dem deutschen Leihverkehr angeschlossen. Bücher, die in Bibliotheken des Inlandes nicht vorhanden sind, können auf dem Weg des internationalen Leihverkehrs beschafft werden (Règlement du prêt international, herausgegeben von der International Federation of Library Associations). Die wissenschaftlichen Bibliotheken erteilen über die mit der Fernleihe verbundenen Fragen — auch über die dem Besteller gegebenenfalls erwachsenden Kosten — Auskunft.

Daß wir auch auf dem Gebiet der wissenschaftlichen Dokumentation in einer Phase des Umbruchs stehen, ist offenkundig. Die elektronische Datenverarbeitung erleichtert die Katalogisierung und erweitert damit ihre Möglichkeiten. Sie wird — im Wege der Datenfernübertragung — die Kataloge großer Bibliotheken an verschiedenen Orten dem unmittelbaren Zugriff des Benutzers öffnen. Die Fülle der literarischen Produktion zwingt zu raumsparender Aufbewahrung des Schriftguts, etwa durch die Einführung der Mikroverfilmung. Zum rationellen Studium wird in Zukunft auch die

[1]) Vgl. z. B. Erlaß des Hessischen Kultusministers vom 30. 11. 1965 (H II 4 — 451/4 — 34), Amtsblatt des Hessischen Kultusministers 1966, S. 54—61.

Kenntnis solcher Techniken gehören, die zur Zeit noch in den Anfängen stecken. Hier sei lediglich auf eine verhältnismäßig einfache Hilfe der Bibliotheksbenutzung verwiesen, nämlich die fotomechanische bzw. licht- oder wärmetechnische Herstellung von Kopien (Reprographie). Die Herstellung von Kopien für Bibliotheksbenutzer berührt Fragen des Urheberrechts, das im Gesetz über Urheberrecht und verwandte Schutzrechte (Urheberrechtsgesetz — UrhG) vom 9. September 1965 kodifiziert ist.

Unbeschadet des ausschließlichen Vervielfältigungs- und Verbreitungsrechts des Autors (§§ 15—17 UrhG), ist es danach zulässig, einzelne Vervielfältigungsstücke eines Werkes herzustellen oder herstellen zu lassen, „zum eigenen wissenschaftlichen Gebrauch, wenn und soweit die Vervielfältigung zu diesem Zweck geboten ist" (§ 54 Abs. 1 Nr. 1 UrhG). Damit ist die Vervielfältigung für den wissenschaftlichen Gebrauch durch Lehrende und Lernende an Universitäten und Hochschulen zulässig. Von ihnen ist überdies kein Autorenhonorar zu entrichten. Dient die Vervielfältigung allerdings „gewerblichen Zwecken des zur Vervielfältigung Befugten, so hat er dem Urheber hierfür eine angemessene Vergütung zu zahlen" (§ 54 Abs. 2 UrhG)[1]).

---

[1]) Vgl. dazu Bruhn, Wolfgang, „Vervielfältigen und Verbreiten — die Problematik der §§ 53, 54 UrhG und ihre Bedeutung für die Bibliotheken", in „Bibliothek und Wissenschaft", Jahrbuch Heidelberger Bibliothekare, Band 5, Wiesbaden 1968, S. 1—73.

Literaturverzeichnis

Blum, Rudolf — Totok, Wilhelm — Weimann, Karl-Heinz: „Entwurf einer bibliographischen Terminologie“, in: Zeitschrift für Bibliothekswesen und Bibliographie, 12. Jg., Frankfurt a. M. 1965, S. 224—231.

Brugger, Walter: „Philosophisches Wörterbuch“, 12. Aufl., Freiburg - Basel - Wien, 1965.

Bruhn, Wolfgang: „Vervielfältigen und Verbreiten — die Problematik der §§ 53, 54 UrhG und ihre Bedeutung für die Bibliotheken“, in: „Bibliothek und Wissenschaft“, Jahrbuch Heidelberger Bibliothekare, Band 5, Wiesbaden 1968, S. 1—73.

Drosdowski, Günther — Grebe, Paul — Müller, Wolfgang u. a.: „Hauptschwierigkeiten der deutschen Sprache“, Band 9 des Großen Duden, Mannheim 1965.

Esenwein-Rothe, Ingeborg: „Wirtschaftsstatistik“, Wiesbaden 1962.

Flaskämper, Paul: „Allgemeine Statistik“, Hamburg 1949 (berichtigter Nachdruck 1962).

Fuchs, Hermann: „Bibliotheksverwaltung“, 2. Aufl., Wiesbaden 1968.

Hiller, Helmut: „Wörterbuch des Buches“, 3. Aufl., Frankfurt a. M. 1967.

Kirchner, Hildebert: „Abkürzungsverzeichnis der Rechtssprache“, 2. Aufl., Berlin 1968.

Krieger, Konrad: „Statistisches Veröffentlichungswesen“ in: Handwörterbuch der Sozialwissenschaften, 10. Band, Stuttgart - Tübingen - Göttingen 1959, S. 87—89.

Kunze, Horst: „Grundzüge der Bibliothekslehre“, Leipzig 1967.

Oertel, Dieter: „Der Aufbau zentraler Fachbibliotheken in der Bundesrepublik Deutschland“, in: Zeitschrift für Bibliothekswesen und Bibliographie, 13. Jg., Frankfurt a. M. 1966, S. 22—33.

Saur, Klaus Gerhard: „Europäisches Bibliotheks-Adreßbuch“, München - Pullach 1968.

Schneider, Egon: „Logik für Juristen“, Berlin und Frankfurt a. M. 1965.

Totok, Wilhelm - Weitzel, Rolf - Weimann, Karl-Heinz: „Handbuch der bibliographischen Nachschlagewerke“, 3. Aufl., Frankfurt a. M. 1966.

Weitzel, Rolf: „Die deutschen nationalen Bibliographien“, 3. Aufl., Frankfurt a. M. 1963.

Zimmermann, Josef: „Die Diplom-Arbeit“, Wiesbaden 1966.

„Buch und Buchandel in Zahlen“, hrsg. vom Börsenverein des Deutschen Buchhandels, Ausgabe 1969, Frankfurt a. M. 1969.

„Die Deutsche Presse 1966“, hrsg. vom Institut für Publizistik der Freien Universität Berlin, Berlin 1955.

„Jahrbuch der Deutschen Bibliotheken“, hrsg. vom Verein Deutscher Bibliothekare, 42. Ausgabe, Wiesbaden 1968.

„Verzeichnis der Veröffentlichungen des Statistischen Bundesamtes“, hrsg. vom Statistischen Bundesamt, Stuttgart 1969.

Stichwörterverzeichnis